交通运输类专业课程思政系列教学案例

U0815773

GUIDAO JIAOTONG XINHAO YU KONGZHI ZHUANYE
KECHENG SIZHENG JIAOXUE ANLI

轨道交通信号与控制专业

课程思政教学案例

主审 ◎ 陈春阳
主编 ◎ 李 蔚 韩 锟 肖友刚 成 庶

中南大学出版社
www.csupress.com.cn
·长沙·

轨道交通信号与控制专业课程思政教学案例

编委会

前言

FOREWORD

习近平总书记在全国高校思想政治工作会议上指出，要用好课堂教学这个主渠道，思想政治理论课要坚持在改进中加强，提升思想政治教育亲和力和针对性，满足学生成长发展需求和期待，其他各门课都要守好一段渠、种好责任田，使各类课程与思想政治理论课同向同行，形成协同效应。2020 年，教育部印发了《高等学校课程思政建设指导纲要》(以下简称《纲要》)，明确提出全面推进课程思政建设是落实立德树人根本任务的战略举措，课程思政建设是全面提高人才培养质量的重要任务。《纲要》中明确要求各高校要紧紧围绕国家和区域发展需求，结合学校发展定位和人才培养目标，构建全面覆盖、类型丰富、层次递进、相互支撑的课程思政体系；要切实把教育教学作为最基础最根本的工作，深入挖掘各类课程和教学方式中蕴含的思想政治教育资源，让学生通过学习掌握事物发展规律，通晓天下道理，丰富学识，增长见识，塑造品格，努力成为德智体美劳全面发展的社会主义建设者和接班人。

中南大学交通运输工程学院在学校开展课程思政建设顶层设计的指导下，2020 年成立学院课程思政教学研究中心，全面启动课程思政建设工作。学院课程思政教学研究中心负责顶层规划和指导，组织各系结合专业特色抓落实，课程团队充分挖掘蕴藏在课程知识体系中的思政元素，将其落实到课程目标设计、教学大纲修订、教材编审选用、教案课件编写各方面，并贯穿于课堂授课、教学研讨、实验实训、作业论文各环节。为了巩固建设成效和加强示范引领，经过多次课堂实践和持续改进，学院组织 80 多名任课教师提炼课程思政内容，编写形成“交通运输类专业课程思政系列教学案例”丛书。该丛书共 5 册，覆盖学院交通运输、交通设备与控制工程、轨道交通信号与控制 3 个专业的课堂和实践教学各环节。

本书涉及轨道交通信号与控制专业课程思政教学，由李蔚老师编写，深度挖掘了专业知识体系中所蕴含的思想价值和精神内涵，科学合理拓展了专业课程的广度、深度和温度，从专业、行业、政治、文化、历史等角度，增加了课程的知识性、人文性，提升了引领性、时代性和开放性。在课程的思政教学案例中注重把马克思主义立场、观点、方法的教育与科学精神的培养结合起来，提高学生正确认识问题、分析问题和解决问题的能力；注重强化学生工程伦理教育，培养学生精益求精的大国工匠精神，激发学生科技报国的家国情怀和使命担当，并且在课程思政案例的编写上体现了教学设计，是课堂教学育人的很好实践。

本书的出版，感谢编写案例的每一位一线专业课教师，感谢编审老师的辛苦付出。因时间和水平有限，书中不足之处恳请广大读者批评指正！

编者

2024 年 5 月

目录
CONTENTS

1

自动控制原理

教学内容和思政融合设计

序号	教学内容	思政映射与融入点
1	绪论：自动控制系统的基本概念	钱学森与工程控制论 案例 1：述说我国发展中遇到的挑战和机遇，结合我国工程控制论的先驱工作者钱学森的经历展开爱国敬业精神教育。
2	知识点：反馈控制原理	得其环中，以应无穷 案例 2：反馈原理包含着丰富的辩证法思想，它为唯物主义辩证法提供了科学依据，丰富和深化了马克思主义哲学的基本原理。
3	知识点：控制系统的数学模型	诚信友爱，平等待人 案例 3：利用数学变换(映射)所蕴含的诚信、友爱、平等的思想，教导学生推己及人、和善待人。
4	知识点：线性系统的时域分析法	维护社会稳定，促进社会发展 案例 4：在讲解稳定性内容的同时，介绍社会大系统观，让学生理解社会稳定是第一要务。
5	知识点：根轨迹分析法	抓住主要矛盾，要识大体、顾大局 案例 5：利用主导极点估算系统性能指标，引导学生抓住主要矛盾，要识大体、顾大局，合作共赢。
6	知识点：线性系统的校正方法	辩证看待事物，扬其长避其短 案例 6：通过讲解串联超前校正和滞后校正，引导学生辩证看待事物的好与坏，尽量利用其优点，避免其缺点。

案例 1 钱学森与工程控制论

【课程名称】自动控制原理

【教学内容】钱学森与工程控制论

【案例意义】述说我国发展中遇到的挑战和机遇，结合我国工程控制论的先驱工作者钱学森的经历展开爱国敬业精神教育。

教学过程

1. 问题导入

目前我国正由制造大国向制造强国转变，在这样一个充满机遇与挑战的时代，我国提出《中国制造 2025》，工业的基础是控制，希望学生打好理论基础，以后投身到祖国的建设中去；由此导入我国工业控制论创始人钱学森的治学和爱国精神，同时让学生明白我们中国人在控制这个学科领域是有所建树的，未来还要靠在座的各位学生去创造。

2. 讲授正文

图 1–1 钱学森照片

钱学森是中国近现代史上一位杰出的科学家，同时也是一位杰出的思想家。在长达 70 多年丰富多彩的科学生涯中，钱学森曾建树了许多科学丰碑，对现代科学技术发展和我国社会主义现代化建设做出了杰出贡献。钱学森对我国火箭、导弹和航天事业的开创性贡献，是众所周知的，人们称他为“中国航天之父”。但从钱学森全部科学成就与贡献来看，这只是其中的一部分。实际上钱学森的研究领域十分广泛，涉及科学、技术、工程以及哲学，他在跨学科、跨领域和跨层次的研究中，特别是不同学科、不同领域的相互交叉、结合与融合的综合集成研究方面，都做出了许多开创性的独特贡献。钱学森的科学历程大体上可分为三个阶段。第一阶段是从 20 世纪 30 年代中到 50 年代中。这 20 年他是在美国度过的，主要从事自然科学技术研究，在应用力学、喷气推进以及火箭与导弹研究方面，取得了举世瞩目的成就。与此同时，还创建了物理力学和工程控制论，成为当时国际上著名的科学家，这些成就与贡献形成了钱学森的第一个创造高峰。值得指出的是，从现代科学技术发展来看，工程控制论已不完全属于自然科学领域，而属于系统科学范畴。自然科学是从物质在时空中运动的角度来研究客观世界的。而工程控制论要研究的并不是物质运动本身，而是代表物质运动的事物之间的关系，研究这些关系的系统性质。因此，系统和系统控制是工程控制论所要研究的基本问题。钱学森创建工程控制论这个事实表明，在这个时期，钱学森已开始进行跨学科、跨领域的研究，并取得了重要成就。《工程控制论》一书的出版，在国际学术界引起了强烈反响，立即被译成多种文字出版发行。工程控制论所体现的科学思想、理论方法与应用，直到今天仍然深刻地影响着系统科学与系统工程、控制科学与工程以及管理科学与工程等的发展。我们应该学习钱学森学者的爱国精神和敬业精神，潜心科研，将所学投入到社会主义现代化建设中，为中华民族的伟大复兴贡献自己的力量。

3. 分析总结

从当前我国发展面临的挑战和机遇出发，提出控制理论在工业发展中的重要性，追溯其源头，引出钱学森学者作为我国工程控制论的先驱工作者在控制领域的研究和建树，其思想和理论至今仍然对我们的控制科学与工程有着深远的影响，引导同学们学习钱学森学者的爱国敬业精神，在实现自身价值的同时投身社会主义现代化建设。

案例 2 反馈控制原理的启示

【课程名称】自动控制原理

【教学内容】反馈控制原理

【案例意义】引导学生从控制的角度去认识反馈控制的一般规律，并上升到普遍性的层面去认识反馈思想的实质和反馈原理的方法论意义，逐步建立以反馈和优化为核心的系统观与思维习惯。

教学过程

1. 问题导入

引入专业领域的工程实践案例——磁悬浮列车悬浮间隙控制系统工作原理、CTCS-3 级列控系统工作原理，让学生通过解决实际工程问题加强对反馈控制原理的理解与应用，引导学生观察所有案例的方框图，回答课程开始提出的“这些控制系统的共同点是什么”的问题，并深入思考反馈原理带给我们的启示。

2. 讲授正文

目的性是智力和生命的一个本质特征，苏联科学院综合控制论问题学术委员会主席别尔格院士强调，控制论是关于有目的地和最适当地控制诸复杂过程的科学，它完全可以被利用起来，“为共产主义的建设服务”。

控制论之父维纳说过，“负反馈是一切目的性行为的灵魂”，控制论正是通过信息交换过程和反馈原理，研究如何修正或改进动态系统的行为和性能以实现目标。反馈普遍存在于自然界、人类社会和一切技术系统，是系统内部矛盾运动的结果，也是系统及其输入输出间存在动态关系的原因。反馈控制原理能使系统沿着减小目标差的方向运动最终达到目标，关键就在于设计了一个检测目标与现状间偏差的环节，以及一个利用偏差进行控制使偏差不断减小的过程，基于反馈原理的控制系统，都有如图 1-2 所示的基本结构：

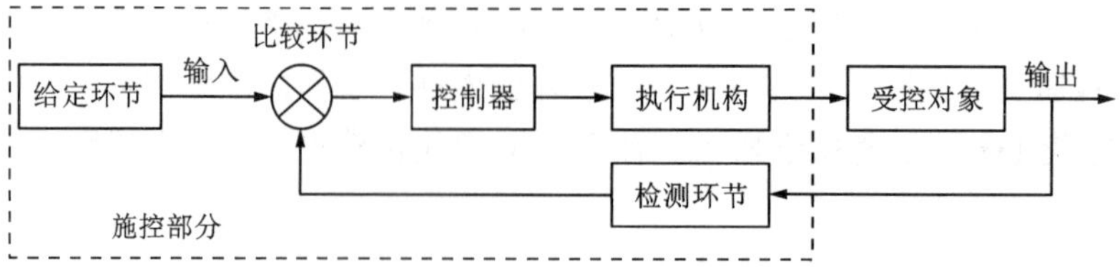

图 1-2 基于反馈原理的控制系统

反馈原理看似简单，却包含着丰富的辩证法思想，它为唯物主义辩证法提供了科学依据，丰富和深化了马克思主义哲学的基本原理。

第一，反馈原理告诉我们为实现目标必须重视调查研究，实事求是。

没有调查研究，就无法构建上图中的信息反馈通道，也就无法得到目标差，更无法设计出使系统沿着目标差减小的方向运动的控制过程，控制目标也必将难以实现。所以只有调查研究，做到实事求是，才能从根本上保证目标的实现。实事求是是我们党的思想路线，始终是马克思主义中国化理论成果的精髓和灵魂，坚持实事求是的基础在于搞清楚“实事”，就是要深入了解实际、掌握实情，这正是反馈原理告诉我们的。反馈原理揭示了实事求是的深刻意蕴，为我们必须坚持“实事求是”提供了方法论支持。

第二，反馈原理的作用机制告诉我们为实现目标必须要有大局意识和协作精神。

反馈控制系统的各个部分在以反馈原理为基本遵循的系统架构中，以能量和信息交换的方式相互联系，以减小或消除被控量的实际值与期望值间的偏差为己任，分工协作，形成实现控制目标的向心力、凝聚力，使系统在整体上具备各部分所没有的新性质和新功能，从而实现系统目标，完成控制任务。由此启发我们，只有把个人的命运联系在国家和民族的命运中、将个人的生存放在集体的生存里，时刻以大局为重，以实现集体目标为己任，以集体利益为重，通过集体来凝聚实现目标的力量，才能最终实现个人价值的升华。一滴水很快就会干涸，但若加入河海，便可成为波涛。

第三，反馈原理在揭示系统各部分的关系上，告诉我们为实现目标必须要有核心意识和服务精神。

在反馈控制系统中，每个组成部分都承担一定的功能，其中，控制器承担的功能最为复杂和重要，它要根据系统的目标要求，利用经给定环节、检测环节、比较环节协同合作得到的偏差信息，通过适当的控制算法按一定的控制规律产生控制指令，控制执行机构按指令动作，将能动的控制作用施加于被控对象，以改善被控对象的功能，实现系统目标。由此可见，控制器在系统实现目标的过程中起到中心和关键作用，是整个控制系统的核心，它客观存在于控制系统中。为实现系统目标，一方面，系统的其他组成部分都要围绕控制器这一中心开展工作，要么为其提供必要的信息，要么按其输出的指令动作，体现了围绕核心无私奉献之精神；另一方面，控制器不是根据自身的需要，而是完全基于如何更快更好实现系统目标来调整自身的结构和参数，体现了核心的担当精神。

反馈控制系统中控制器的作用机制启发我们，为了实现系统目标，首先要有一个强有力的核心，以汇聚、维系、强化系统的内生动力，从而形成实现目标的凝聚力、向心力和意志力。反馈控制系统需要控制器这一核心，比它复杂得多的中国特色社会主义建设的伟大实践，更要有一个坚强的领导核心，汇聚和增强领导人民群众奋勇前进的动力和定力。党的十八大以来，习近平总书记带领全党全军全国各族人民开创了中国特色社会主义伟大事业和党的建设伟大工程新局面，实现了党和国家事业的继往开来，是当之无愧的党中央的核心、全党的核心，这是人民的选择、历史的选择；其次，反馈控制系统中各组成部分围绕控制器协同工作的模式启发我们，增强核心意识，就是要站在全局的高度，在思想上行动上统一到系统整体目标的实现上，在目标实现过程中自觉按照中枢核心的要求开展工作。当前，我们党领导中国人民进行的社会主义伟大实践活动，正处于迈向第二个百年奋斗目标的新征程，增强核心意识，更具有深远的现实意义和时代紧迫感，我们更需要在思想观念上形成与党中央保持高度一致的思想自觉，在实际行动中坚决维护以习近平同志为核心的党中央权威和集中统一领导，对标党中央的各项要求，不折不扣抓落实，体现出甘做“铺路石”“栽树人”的奉献精神，展现出“功成不必在我”的“无我”境界。

3. 分析总结

反馈控制原理为后续控制系统的分析和设计提供了一个大的原理框架，非常重要，原理本身比较抽象，深入理解难度较大。教师通过引入生活中简单的温度调节问题让学生探索发现反馈控制的奥秘，使学生头脑中的“难”字淡化；紧接着列举专业领域的工程实际案例，进而解决问题，不仅让学生探索发现反馈原理的用处，更让学生通过这种迁移学习的方式，觉得学习难度更进一步降低，让学生对后续的学习有了兴趣和信心；最后，通过引导学生深入思考反馈原理带给我们的启示，并进行升华，从反馈原理的角度阐释重视调查研究、实事求是的科学性和“集体主义”思想对集体目标和个人价值实现的重要性，有助于学生自觉地用其指导交通运输专业领域的学习、生活和工作等领域的具体实践，逐步建立以反馈和优化为核心的系统观与思维习惯。

案例 3 控制系统的数学模型

【课程名称】自动控制原理

【教学内容】控制系统的数学模型

【案例意义】通过介绍万有引力定律、狭义相对论都是从纷繁复杂的现象中抽象出来的辉煌成果，让学生领悟到“数学理论密切联系实际”的宗旨。控制系统的数学模型可以源于自然而高于自然。

教学过程

1. 问题导入

引入经典科学典故和自然与动物的视频，让学生通过观察重现当初万有引力和狭义相对论被第一次感知到的场景。引导学生明白所有的数学模型都是在大自然里有迹可循的。控制系统的数学模型就是源于自然而高于自然的存在。

2. 讲授正文

引入中国古代哲学的思想，引导学生观察自然，找寻其中暗含的数学规律。观察到的自然规律，可以被视为中国古代哲学思想中的“感应”。

“感应”思想最早出自《周易》，认为自然界许多事物的运动变化都是由相互感应引起的。《史记》记载“文王拘而演《周易》”，即指周文王被商纣王囚禁时在狱中写了《周易》一书。《易传》把《周易》古经中的经验性的同类相感思想上升到哲学世界观的高度，认为宇宙间所有的同类事物或同类事物与同类卦象之间由于相互感应而结为一个整体。

17 世纪开始，现代物理学中有关各种物理感应现象的研究取得了一系列令人瞩目的成就，代表性理论是牛顿于 1687 年提出的“万有引力定律”、法拉第于 1831 年提出的“电磁感应定律”、赫兹于 1887 年发现并被爱因斯坦于 1905 年正确解释的“光电效应”等。无论是“万有引力”还是“电磁场”，在物理学中都可以理解为具有某种特定物理属性的“场”并以感应的方式发生作用，可以说，“感应”现象是自然界中客观存在的普遍现象。

从中国古代“感应”思想的提出，到现代物理学中一系列物理感应现象的发现及相关理论的提出，“感应”思想显现了普遍而深刻的哲学内涵。告诉学生自然界仍然蕴含着许多我们没有发现的、未被总结归纳成数学模型的“感应”。激发学生的探索精神，留意自然，观察自然，感悟自然，总结自然。

图 1–3　万有引力

展示万有引力被牛顿发现的故事。引出思考对牛顿发现万有引力的思维过程进行探讨。著名的科学家牛顿看到苹果从树上掉下来落在地上，开始思考苹果为什么不往天上也不横着

"跑"，经过反复观察与研究，终于发现万有引力。这一故事在我国家喻户晓。学生虽然听了很多遍，却未必能展开深思。自古人们就知道物体有重量，亚里士多德在两千多年前就提出物体往下掉落的原因是其有重量。人们在 17 世纪早期就已经知道重力，认识到地面上的物体都受重力的作用竖直向下落(只是没认识到它是因为引力而产生的)。无数的人看到了无数的从树上或高处掉落下来的果子等物体，却没有认识到引力，一是因为生活在一个小圈子里，看问题受到了局限，做不到多方位、全面地看问题；二是不能把问题与已知的事实相联系，缺乏想象力和思维力。此故事旨在向学生强调观察自然很重要，但是同时我们也需要带着思考去看待自然。

在引起学生兴趣后，可以举出列车发展史上通过发现问题解决问题再总结经验从而搭建控制系统数学模型的实例。提醒学生解决科学问题离不开观察、思考和实践，只有深入问题所在，思考并观察问题的规律和因果，勤勤恳恳动手实践，才能确保解决实际工程问题。

3. 分析总结

分享国内外的科学小故事，揭示自然中还有许多未发现并总结归纳的现象，从而激发学生的科研斗志，并且使其通过明白控制系统的数学模型就是源于自然而高于自然的总结归纳，领悟到科研离不开生活琐事，无论是面对工程问题还是生活问题，都需要留心观察，并通过思考找到解决的办法。

案例 4 诚信友爱，平等待人

【课程名称】自动控制原理

【教学内容】奈奎斯特判据

【案例意义】利用数学变换(映射)所蕴含的诚信、友爱、平等的思想，向学生传递"你怎么对待别人，别人就怎么对待你"的道理。

教学过程

1. 问题导入

在第二章讲授频率法中对系统稳定性进行分析，在讲授奈奎斯特(Nyquist)判据前介绍映射原理，引发同学们对诚信、友爱、平等的思考，待人接物都是你来我往，你如何对待别人，别人就如何待你。

2. 讲授正文

频率法中对系统稳定性的分析是应用奈奎斯特判据进行的。奈奎斯特判据是根据控制系统的开环频率特性判断闭环系统是否稳定的判据。应用奈奎斯特判据，不仅能了解系统稳定的程度，还能找出改善系统动态特性的途径。因此，奈奎斯特判据是频域分析的基础。

(1)映射定理

设 $F(s)$ 是一个单值解析的复变函数。对于 s 平面上一条不通过任何奇点的封闭曲线 C，在 $F(s)$ 平面上必有一条封闭的曲线 C' 与之对应，该封闭曲线 C' 是曲线 C 的映射。如果 s 平

面上的封闭曲线 C 内部包含了 $F(s)$ 的 P 个极点和 Z 个零点，且动点 s 是沿顺时针方向在封闭曲线上变化的，则在 $F(s)$ 平面上相应的封闭曲线包围坐标原点的周数和方向可以表示为 $N=Z-P$。式中 N 是 C' 包围原点的周数，若 $N>0$，则表示 C' 顺时针包围 $F(s)$ 平面的原点；若 $N<0$，则 C' 逆时针包围 $F(s)$ 平面的原点；若 $N=0$，则 C' 不包围 $F(s)$ 平面的原点。

映射原理为判断控制系统的稳定性提供了依据。设 $F(s)=1+G_0(s)H(s)$ 根据控制系统的稳定的充分必要条件，若系统稳定，则 s 平面右半边没有闭环极点，即没有特征方程的根。特征方程的根就是函数 $F(s)$ 的零点。$F(s)$ 的极点则与开环传递函数的极点相同。若 $F(s)$ 曲线是已知封闭曲线 C'，则可以确定 $F(s)$ 包围原点的周数及包围原点的方向。又因为 $F(s)$ 与开环传递函数的极点相同，所以可以根据开环传递函数确定 s 平面上封闭曲线 C 所包含的 $F(s)$ 极点数 P。按照映射原理，s 平面上的封闭曲线 C 所包含的 $F(s)$ 的零点数即可确定。问题的关键是在 s 平面上找到一条能包围整个 s 平面的右半边的封闭曲线。这条曲线就是奈奎斯特轨迹。

奈奎斯特轨迹是由整个虚轴和位于 s 平面右半边的半径为无穷大的半圆构成的封闭曲线，动点 s 在曲线上顺时针方向移动。图 1-4 是奈奎斯特轨迹的示意图。奈奎斯特轨迹不能通过 $F(s)=1+G_0(s)H(s)$ 的任何零点和极点。

奈奎斯特轨迹是 s 平面上的一条封闭曲线，而与之对应的函数 $F(s)$ 在 $F(s)$ 复平面上是一条什么样的封闭曲线呢？我们把奈奎斯特轨迹划分为两部分：一部分是半径为无穷大的半圆；另一部分是整个虚轴。现在来分析这两部分在 $F(s)$ 平面上的映射。

当 s 趋近于无穷大时，由于开环传递函数分母的阶次 n 一般都大于分子的阶次 m，所以有 $\lim\limits_{s\to\infty}F(s)=\lim\limits_{s\to\infty}(1+G_0(s)H(s))=$ 常量。

若 $n>m$，则上面的常量为 1；若 $n=m$，则为其他常量。总之，s 平面上奈奎斯特轨迹的无穷大半圆在 $F(s)$ 平面上的映射是实轴上的一个点。

当动点 s 在奈奎斯特轨迹上的另一部分，即整个虚轴上由负无穷大向无穷大变化时，由于 $s=j\omega$，所以有 $F(s)=1+G_0(j\omega)H(j\omega)$。

其中的 $G_0(j\omega)H(j\omega)$ 正是开环频率特性。所以，可以说奈奎斯特轨迹在 $F(s)$ 的映射就是开环频率特性。

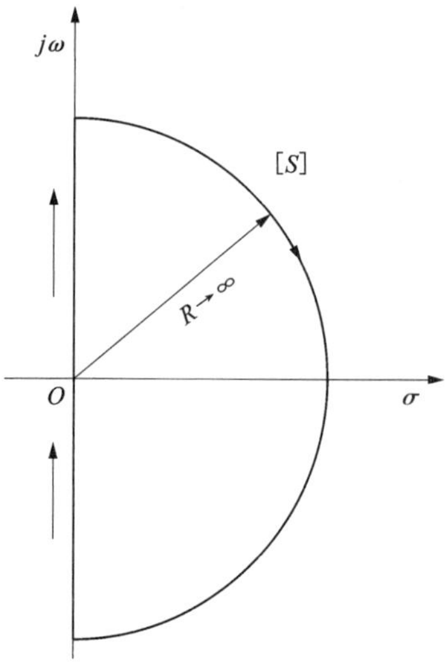

图 1-4 奈奎斯特轨迹图

若已知 $F(s)=1+G_0(j\omega)H(j\omega)$ 包围 $F(s)$ 平面原点的周数及方向 N，又知道奈奎斯特轨迹所包围的开环传递函数的极点数 P，则位于 s 平面右半边特征方程的根的个数 Z 即可根据映射定理计算出来，系统的稳定性也随之确定了。

从映射定理出发，让同学们明白现实中待人接物的你来我往特性，你怎么对待别人，别人就如何待你，在日常生活中我们要做到诚信、友爱、平等地与他人相处，才能保持关系的长久稳定。

3. 分析总结

奈奎斯特判据是对奈奎斯特轨迹应用映射原理的结果，通过映射定理引导同学们思考日常生活中的待人之道，使其了解到只有诚信、友爱、平等地对待他人才能保持关系的长久稳定。

案例 5 维护社会稳定，促进社会发展

【课程名称】自动控制原理

【教学内容】闭环系统的稳定性

【案例意义】在讲解稳定性内容的同时，介绍社会大系统观，让学生理解社会稳定是第一要务。

教学过程

1. 问题导入

在对闭环系统的稳定性部分进行教学时，通过对系统的稳定性进行分析判断，引出社会这个大系统的正常运转同样需要维持稳定性，稳定是其发展的前提条件。

2. 讲授正文

闭环系统的稳定性

定义：若线性系统在初始扰动的影响下，其过渡过程随时间的推移逐渐衰减并趋于零，则称系统渐近稳定，简称稳定；反之若在初始扰动影响下，系统的过渡过程随时间推移而发散，则称其不稳定。稳定性是系统自身的固有特性，与外界输入信号无关。一个系统能否正常工作，取决于其是否稳定，系统首先要做到稳才能谈其动态特性和稳态特性。

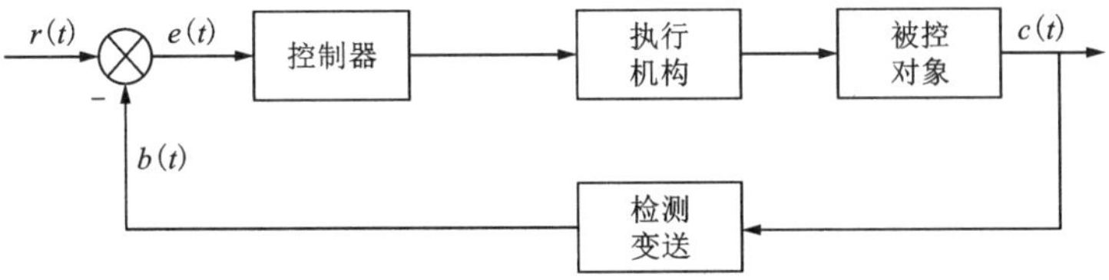

图 1–5 闭环系统稳定性

通过对系统的稳定性进行介绍，引出社会稳定的重要性。一个国家要实现长远的现代化发展目标，首先必须要具有稳定的社会环境，使人们对未来抱有比较积极乐观的预期。没有稳定的社会环境，目标就只能化为幻影。党的十九大明确指出，在 21 世纪中叶建成富强民主文明和谐美丽的社会主义现代化强国。实现中华民族伟大复兴中国梦，屈指算来所剩时间已经不多，此时我们既要对实现该目标充满信心，因为中华民族是一个勤劳、勇敢、智慧的民族，没有其克服不了的艰难困苦；同时我们必须要为实现该目标创造稳定的社会环境，不然

现代化发展难以推进。因此，探究维持社会稳定性的根本要素，以及研究这些要素对实现中华民族伟大复兴的重要支撑意义，是我们需要重点关注的一项课题。

3. 分析总结

通过对系统的稳定性进行学习，让同学们思考社会这个大系统的稳定的重要性，了解到维护社会稳定是推进社会发展的先决条件，作为社会的一分子更应该遵纪守法，勤奋向上，共同维护社会的和谐稳定。

案例 6 抓住主要矛盾，识大体，顾大局

【课程名称】自动控制原理

【教学内容】高阶系统闭环主导极点及其动态性能分析

【案例意义】利用主导极点估算系统性能指标，引导学生抓住主要矛盾，要识大体、顾大局，合作共赢。

教学过程

1. 问题导入

在讲授到第四章有关主导极点判断系统动态性能指标的时候，引导学生们对“主导”进行思考，思考什么是主要矛盾，什么是最大影响因素。

2. 讲授正文

高阶系统闭环主导极点及其动态性能分析：

闭环主导极点：如果在所有的闭环极点中，距离虚轴最近的极点周围没有闭环零点，而其他极点又远离虚轴，那么距离虚轴最近的闭环极点对应的响应分量，随时间的推移衰减缓慢，在系统的时间响应过程中起主导作用，这样的闭环极点就称为闭环主导极点。其他极点统称为非主导极点。主导极点可以是实数也可以是复数，或者二者的组合。经常用主导极点来估算高阶系统性能指标。主导极点与非主导极点的实部应该相差 6 倍以上。

例：某系统闭环传递函数为：

$$\Phi(s)=\frac{20}{(s+10)\,(s^2+2s+2)} \qquad s_1=-10,\ s_{2,3}=-1\pm j,$$

其单位阶跃响应为：

$$c(t)=1-0.024e^{-10t}-1.55e^{-t}\sin(t+39^\circ)$$
$$\approx 1-1.55e^{-t}\sin(t+39^\circ)$$

主导极点：$s_{2,3}$，非主导极点：s_1。

图 1-6 闭环传递函数

主导极点 ⟹ 抓住主要矛盾 | 识大体，顾大局 |

图 1-7 主导极点

利用“系统的主导极点判断系统的性能指标”这一知识点，引出同学们对抓住主要矛盾或主要问题的思考。唯物辩证法认为，在复杂事物发展过程中存在着主要矛盾和次要矛盾。对事物发展起着领导、决定作用，规定、影响其他矛盾的存在和发展的就是主要矛盾，而其他的矛盾则居于次要和服从的地位。我们只有集中力量找出主要矛盾、攻克主要矛盾，才能找到解决复杂问题的重点，达到纲举目张、掌控全局、以点带面、事半功倍的效果。

解决问题要抓主要矛盾，就要善于从全局上观察问题。面对复杂形势和繁重任务，首先要有全局观，对各种矛盾做到心中有数。这就要求我们在解决问题时要努力培养全局观，善于抓住和化解主要矛盾，坚持把全局作为我们考虑解决问题的出发点和落脚点，在事关全局的重大问题上必须立场坚定、旗帜鲜明。其次要善于把局部问题放到整体中加以思考，不要只见树木，不见森林；要善于把当前问题放在过程中加以思考，不要急功近利、鼠目寸光。

3. 分析总结

通过对利用主导极点估算系统的性能指标进行学习，提出解决问题要抓主要矛盾，要不断提升化解矛盾的能力。进入新时代，化解矛盾的复杂性、解决问题的艰巨性前所未有。在实际工作学习中，老办法不管用、新办法不会用、软办法不顶用、硬办法不适用的问题时有发生。这就要求同学们要加强学习与思考，要坚持不懈用习近平新时代中国特色社会主义思想武装头脑、指导实践、推动工作，不断提高运用马克思主义立场观点方法解决问题的思想境界和能力水平。只有坚持以习近平新时代中国特色社会主义思想为指导，着力解决好新时代社会主要矛盾，才能不断推进中国特色社会主义事业顺利开展，不断取得新进步、迈上新台阶。

案例 7　辩证看待事物，扬其长避其短

【课程名称】自动控制原理

【教学内容】系统校正

【案例意义】通过讲解串联超前校正和滞后校正，引导学生辩证看待事物的好与坏，尽量利用其优点，避免其缺点。

教学过程

1. 问题导入

在讲授到第四章有关主导极点判断系统动态性能指标的时候，引导学生们对“主导”进行思考，思考什么是主要矛盾，什么是影响最大的因素。

2. 讲授正文

(1) 串联超前校正：利用超前网络的相角超前特性。

将超前网络的交接频率 $1/aT$ 和 $1/T$ 选在待校正系统截止频率的两旁，并适当选择参数 a 和 T，即可使校正后系统的截止频率和相角裕度满足性能指标的要求，从而改善闭环系统的动态性能；稳态性能的要求，可通过选择校正后系统的开环增益来保证。

串联超前校正可使系统开环截止频率增大，从而使闭环系统带宽也增大，响应速度加快；串联超前校正不利于抑制高频噪声。

(2) 串联滞后校正：利用滞后网络的高频幅值衰减特性，使校正后系统的截止频率下降，从而使系统获得足够的相角裕度（故滞后网络的最大滞后角应力求避免发生在系统截止频率附近）。

表 1-1 超前校正和滞后校正的区别与联系

	超前校正	滞后校正
原理	利用超前网络的相角超前特性，改善系统的动态性能。	利用滞后网络的高频幅值衰减特性，改善系统的稳态性能。
效果	在 ω_c 附近，原系统的对数幅频特性的斜率变小，相角裕量 γ 与幅值裕量 K_g 变大。 系统的频带宽度增加。 由于 γ 增加，超调量下降。 不影响系统的稳态特性，即校正前后 e_{ss} 不变。	在相对稳定性不变的情况下，系统的稳态精度提高了。 系统的增益剪切频率 ω_c 下降，闭环宽带减小。 对于给定的开环放大系数，由于 ω_c 附近幅值衰减，使 γ、K_g 及谐振峰值 M_r 均得到改善。
缺点	频带加宽，对高频抗干扰能力下降。 用无源网络时，为了补偿校正装置的幅值衰减，需附加一个放大器。	频带变窄，使动态响应时间变大。
应用范围	ω_c 附近，原系统的相位滞后变化缓慢，超前相位一般要求小于 55°，对于多级串联超前校正则无此要求。 要求有大的频宽和快的瞬态响应。 高频干扰不是主要问题。	ω_c 附近，原系统的相位变化急剧，以致难以采用串联超前校正。 适于频宽与瞬态响应要求不高的情况。 对高频抗干扰有一定要求。 低频段能找到所需要的相位裕量。

利用系统校正启示同学们，要辩证看待事物的好坏，寻求事物的本质，尽量利用其优点，避开缺点。对于个人来说也是一样，要找到自己的长处与短处，在补齐短板的同时也要学会利用好自己的优点，才能不断进步。

3. 分析总结

通过对系统的串联超前和串联滞后校正进行学习，引导同学们去辩证地看待事物，学会寻找优点和缺点，善于发挥自己的长处，更好地完成学习工作。

2

电力电子技术基础

教学内容和思政融合设计

序号	教学内容	思政映射与融入点
1	绪论	从电力电子技术到交通强国与专业自信 案例 1：介绍国内电力机车的发展史，从中感受交通前辈们如何在一个行业、一个领域从零开始，坚持自强自行，最终走向成功。
2	知识点：DC-DC 电路	从一次小事故到用电安全再到规范意识 案例 2：给同学们讲解直流-直流变换电路的基本拓扑结构、电路工作原理等知识点。通过教师个人的亲身经历，导入问题。
3	知识点：功率半导体器件	从器件可靠性到个人责任感 案例 3：器件的开通和关断并不是像数字电路里理解的那样瞬间完成。在工作条件下可以承受几千伏特高压，流过几百安培电流的器件，其整体结构竟只有手掌大小，导入问题。
4	知识点：逆变电路	从电能变化看节能环保 案例 4：逆变电路输出的交流电从波形和频谱来看与正弦交流电差距甚远，学生从认知和情感上还无法完全理解和接受，从而为学习埋下隐患，因此教师结合电动汽车的电机驱动系统工作原理，导入问题。
5	知识点：整流电路	从取得成就到不忘初心 案例 5：同学们对交流电到直流电的转换有了初步了解，但是还不能充分理解交流电变换到直流电这类电能转换的具体意义及应用领域。因此，教师结合我国能源分布及一些国家重大成就，进行问题导入。
6	知识点：PWM 技术	从 PWM 到“量变与质变” 案例 6：基于前面对 PWM 控制技术的学习，结合本案例的学习，激发同学们的学习热情，增强学习紧迫感，鼓励学生勇于创新，深刻理解把握时代潮流和国家需要，敢为人先、敢于突破，以聪明才智贡献国家。

案例1 从电力电子技术到交通强国与专业自信

【课程名称】电力电子技术基础

【教学内容】绪论

【案例意义】教育学生自强、自信，传播中华民族勤劳、不怕苦的传统美德。

教学过程

1. 问题导入

此阶段，同学们已经学习了一些电力电子技术基础的基本概念，了解了什么是电力电子技术、电力电子技术的分类等。大家在概念上对电力电子技术有了初步了解，但是还并不知道电力电子技术这一抽象理念的具象化表达。教师通过对电力电子装置的应用介绍，使学生认识到电力电子装置在生活场景、工业领域的重要作用，引起同学们对于本课程的极大兴趣。

随后，介绍我国电力机车的发展史，从而让学生从中学习到交通前辈们如何在一个行业、一个领域从零开始，坚持自强自行，最终走向成功。

问题1：轨道交通的原动力来自电力电子技术，而电力电子技术诞生于西方世界，但是以电力电子技术为基础的轨道交通却成为中国工程技术的名片，是怎么做到的呢？

问题2：为什么我们能在短短十几年的时间内，从无到有，再到拥有领先世界的高速列车电力驱动技术呢？

2. 讲授正文

通过对电力电子装置应用的介绍，使学生认识到电力电子装置在工业领域的重要作用。再通过讲解电力电子技术的发展，让学生了解到过去国外企业对电力牵引领域的垄断，结合当前美国对我国华为、大疆等中国企业的围追堵截，激发学生的爱国情怀。随后向学生介绍我国的电力机车发展史，让学生了解机车发展的不易。最后，通过讲解我们这些年在种种困难问题上取得的突破，刺激和提升学生学习的信心和动力。

讲述案例：从1958年开始，我国电力机车的发展经历了四个阶段：①1958—1967年为仿制阶段。此阶段的起始是参照苏联H60型电力机车，制造出韶山系列电力机车；②1968—1978年是自行设计、突破H60型机车模式的阶段；③1979—1989年，主要是电力机车的更新换代阶段；④1990—1999年是交—直传动电力机车完善升级阶段。国产电力机车相继研制出韶山SS4B型、韶山8型、韶山9型等较高端产品。

中国第一台电力机车诞生于1958年。1958年，田心机车厂（中车株洲电力机车有限公司前身）与湘潭电机厂合作研制出第一台6Y1型电力机车。该车交—直传动，采用引燃管整流；主电路、辅助电路、控制电路均具有初级产品的特征。由于我国当时尚无电气化铁路，该型机车并未进行运行考验和相关性能试验，也未进行批量生产。

1961 年 9 月，宝成线宝鸡至凤州段电气化铁路开通运营，使用的是从法国引进的 6Y2 型电力机车（此批进口 25 台）。该车也是采用引燃管整流，属于第一代交—直传动电力机车。1972 年，宝成线电气化铁路延长至凤阳，加之运量增长，我国又先后从罗马尼亚和法国进口 6G 型电力机车 42 台。6G 型电力机车采用硅整流装置，这是电力机车科技的一大进步。此后中国正式开始了发展电力机车的征程。

（1）韶山 1（SS1）型电力机车

1966 年，国产 6Y1 型 0004 号电力机车采用大功率硅半导体整流器成功取代了引燃管整流装置。此后，6Y1 型电力机车被命名为韶山型电力机车。1968 年 8 月，综合了改进后的整流装置、牵引电动机和加装了电阻制动的韶山型 008 号电力机车在株洲厂落成，被改名为韶山 1 型电力机车，代号 SS1。从此开创了我国生产韶山系列电力机车的历史。

韶山 1 型电力机车定型后，仍在不断进行改进。1971 年，韶山 1 型 0061 号电力机车完成第二次重大改进，运行级位从 9 级增加到 33 级。1976 年，韶山 1 型 0131 号电力机车又进行了第三次重大改进，采用单拍（中轴）式全波整流电路，110 V 晶闸管稳压电源和晶闸管励磁电源。1980 年，从韶山 1 型 0221 号电力机车基本定型起，成熟期（包括过渡机型 6Y1 型）长达 12 年。

图 2-1 韶山 1 型电力机车

在完成对韶山 1 型电力机车的定型和批量生产以后，铁道部开始了韶山系列电力机车的研制。

（2）韶山 2（SS2）型电力机车

韶山 2 型电力机车是株洲厂开发的第二个韶山系列电力机车，各种性能参数与韶山 1 型电力机车相近，电器系统的设计虽有改进，但科技含量依然较低。因此，1969 年只制造一台样车，未进行批量生产。

图 2-2 韶山 2 型电力机车

(3)韶山 3(SS3)系列电力机车

韶山 3 系列电力机车包括韶山 3 型、韶山 3 型 4000 系和韶山 3B 型 3 个型号。韶山 3 型电力机车与韶山 2 型电力机车属于同一功率等级，但由于采用低压调压开关实现 8 个大调压级，在每一级内利用晶闸管相控无级调压，并采用恒流限压控制，使机车具有无级调速特性，改进了机车的运用性能。韶山 3 型电力机车 1989 年批量生产以后逐步取代了韶山 1 型电力机车的运用地位。

图 2-3 韶山 3 型电力机车

(4)韶山 4 系列电力机车

韶山 4 系列电力机车包括韶山 4 型、韶山 4(改)型和韶山 4B 型 3 个型号。

①韶山 4(SS4)型电力机车

韶山 4 型电力机车的开发是国产电力机车发展史上的一个突破。我国电气化铁路主要干线的主要技术标准大多是限坡 4‰~6‰、车站到发线有效长 1050 m，与此相匹配的牵引质量应为 5000 t，但是当时的国产电力机车韶山 1 型和韶山 3 型都满足不了这个要求。1981 年 11 月，国家科学技术委员会与株洲电力机车厂签订了“韶山 4 型 8 轴 6400 kW 货运电力机车”的研制合同。同年 12 月，铁道部发布《关于下达韶山 4 型货运电力机车设计任务书的通知》，推动了韶山 4 型电力机车的研制。

图 2-4 韶山 4 型电力机车

1985 年研制出第一台样车，1986 年又试制出第二、三台样车。1988 年 6 月，样车通过了国家科委、国家计委委托铁道部组织的技术鉴定，成为我国最大功率的电力机车。1989 年开始批量生产。首批生产的韶山 4 型电力机车被安排在宝成线宝鸡至广元段进行运行考验。像许多新生事物一样，韶山 4 型电力机车通过运行考验，逐步暴露出一些问题，机车的设计和制造工艺还不够成熟。此种情况引起了铁道部的高度关注，铁道部指示机车制造部门和使用部门密切配合，分析原因，制定出方案，进行全面整改。经过深入调研以后，从第 0159 号机车开始，韶山 4 型电力机车进行了全面改进。

②韶山 4(改)[SS4(改)]型电力机车

根据铁道部科技司关于开展电力机车简统化、系列化的要求，株洲厂于 1993 年 4 月完成了对韶山 4 型电力机车的重大改进，研制出韶山 4(改)型电力机车。

图 2-5 韶山 4(改)型电力机车

机车采用不等分三段半控桥晶闸管相控调压，设有加馈电阻制动装置，较为全面地消化吸收国内外的先进技术，是我国生产的第三代电力机车。

③韶山 4B(SS4B)型电力机车

韶山 4B 型电力机车是由株洲厂和株洲所等单位在继承韶山 4 型、韶山 4(改)型电力机车成熟技术的基础上，采用微机控制等先进技术而研制的。

图 2-6 韶山 4B 型电力机车

(5)韶山 5(SS5)型电力机车

韶山 5 型电力机车是四轴干线客运机车，持续功率 3200 kW，最高速度 140 km/h。该型机车的研制响应了国家“七五”重点科技攻关项目的要求及新型快速客运电力机车研制任务。1990 年 11 月，韶山 5 型四轴客运机车成功面世。它是我国首台客运电力机车，采用 2B0 转向架、牵引电动机采用电机空心轴全悬挂弹性传动方式，首次采用了再生制动、大功率硅元件、电机无极磁场削弱、功率因数补偿、列车电空制动、蓄能停车制动等新技术。此型机车仅生产两台。

图 2-7 韶山 5 型电力机车

在引起学生兴趣后，再具体分析电力电子技术的基本原理、电力电子装置的基本结构和控制方法，提醒学生只有踏踏实实学好基本理论，勤勤恳恳动手实践，才能确保我们在本领域持续领先。随后，列举我们在轨道交通电力电子系统核心技术上取得的骄人成果，用润物细无声的方式增强学生们学好专业基础课、矢志科技报国的自信心。

3. 分析总结

选修本课程的学生所处学期为大三第一学期，对于大学课程已经有相当的了解，完全知晓课堂要求，对本专业的课程已经有了充分的了解，同时也容易产生课堂疲倦。

学生可能通过对电力电子技术这门综合性较强的专业课的学习，联想与之相关联的各行各业，如电力行业、轨道交通行业等，通过了解这些行业的发展历程建立民族自信、科技自信，对整个学习生涯以及将来的发展前景进行批判性思考。

案例 2 从一次小事故到用电安全再到规范意识

【课程名称】电力电子技术基础

【教学内容】DC-DC 电路

【案例意义】安全无小事，做事要讲规则，要意识到规范的重要性。

教学过程

1. 问题导入

此阶段，给同学们讲解直流-直流变换电路的基本拓扑结构、电路工作原理等知识点。同学们已经学习过交流-直流的整流电路，也学习了直流-交流的逆变电路，对于电能的控制已经逐渐熟悉起来。同时，因为逐渐熟悉，也会逐渐降低对电的畏惧感，学生可能在课程试验环节放松警惕，导致安全事故。因此，通过教师个人的亲身经历，导入问题。

问题1：多大的电压是安全电压?

问题2：低电压环境就可以通过随意操作来提高工作效率吗?

2. 讲授正文

通过对基本斩波电路、复合斩波电路和多相多重斩波电路的分析和讲解，让同学们理解斩波电路、晶闸管的换流方式等重要概念。同时，结合不同直流-直流电路的适应场景的不同，提出有一些电路比较适合应用在低压场景。但是不论是高压还是低压场景，都有相应的操作规范，引起同学们对于这些规范的重视。然后表示当年教师自己在求学期间，也觉得这些规范过于繁杂，影响工作效率。最后引出自身亲身经历，循循善诱，加强同学们对于遵守安全规范的意识。

讲解案例：某学生小刘在读研期间，研究 110 V 直流开关电源，输出电压不高，只有 110 V DC，但输入电压是 396 V AC，需要经过整流之后，再逆变为高频交流，通过隔离变压器传递到输出侧再次整流成 110 V DC，并且需要经过电容对输出进行滤波，减少纹波的影响。看似简单的一个过程，其实危机四伏。

第一个危机：小刘在试验后，没有遵守安全准则，忘记给滤波电容放电。

第二个危机：夏天天气炎热，小刘在操作装置的时候，因为觉得电压不高，天气太热，因此没有佩戴绝缘手套。

第三个危机：因为身边只有一把大号螺丝刀，而操作空间较为狭窄，为了提高效率，偷懒没有去离自己 5 m 远的工具柜换一把大小合适的螺丝刀，而是直接握住螺丝刀的金属杆进行操作。

最终，小刘在拆卸线缆时，误触电容，又因为没有用绝缘手套，且手直接握住了金属部分，导致被 110 V DC 电击致昏迷 5 分钟。此案例告诫同学们，安全问题无小事，让同学们切身感受到试验操作不可疏忽大意，意识到规范操作的重要性，增强学生的安全意识和规范意识，进而培养学生的职业素养，增强学生的安全理念。

3. 分析总结

此时同学们逐渐熟悉电力电子的知识，可能会逐渐降低对电的畏惧感，在课程试验环节放松警惕，导致安全事故，因此需要强调用电安全问题。

基于前面对交流-直流的整流电路、直流-交流的逆变电路以及本章直流-直流的斩波电路的学习，结合本案例，引导激发同学们对各种电路存在的安全隐患进行思考，也对遵守规则、确保操作规范性进行思考，并进一步从做事的规范，引申到做人的守法。

案例 3 从器件可靠性到个人责任感

【课程名称】电力电子技术基础

【教学内容】功率半导体器件

【案例意义】教育学生每一件微小的事情都要做好，对自己的设计负责。

教学过程

1. 问题导入

此阶段，同学们已经了解了电力电子学科最核心的分立器件是功率器件，在模电中也学过一些半导体的基本原理，本次课程给同学们讲解功率半导体器件的内部结构与工作原理等知识点，并给大家展示模块器件内部结构与电气属性。同学们会意识到，器件的开通和关断并不是像数字电路里理解的那样瞬间完成，在工作条件下可以承受几千伏特高压，流过几百安培电流的器件，其整体结构竟只有手掌大小，导入问题。

问题 1：功率半导体器件的开通和关断是瞬间完成的吗？

问题 2：如此微小的器件可以在如此高负载的环境下工作，依靠的是什么？

2. 讲授正文

通过对半导体基本原理和半导体器件物理公式的简单推导和讲解，让同学理解功率半导体器件的开通关断过程。同时，结合实际的应用波形分析，提出其所谓的开通和关断并不是一蹴而就的，而是有一个缓慢上升和下降过程。这一过程是由器件结构决定的，也是功率损耗的来源，导致器件发热，老化，但是这个过程并不是一无是处。如果器件开通和关断的速度极快，则会在达到阈值电压的瞬间产生极大的反冲电压，使得器件应用的条件变得更加苛刻。以此引出循序渐进做事的重要性，操之过急可能会引发不良后果。功率器件结构微小却能承受高压，这依赖于每个结构都能完成自己分内的工作，借此教导同学们要提升个人责任感，做好手里的每一件事，才能让我们的社会和国家越来越好。

讲解案例：某研究生在做项目时，经常要自己制作控制器、画电路板以实现各种需求场景。有一个庞大的测速定位项目，需要我们做一个信号处理和转换的控制器，将测速定位信号接收并发送给网关，他在做电源设计的时候，嫌麻烦一拍脑门选了一个 500 mA 的自恢复保险丝，后端带了两个微控制器和许多外设。到设备联调那天，大家的设备通过预定接口连接到一起，开始的时候一切都很顺利，数据传输、各种功能测试都很正常。然而过了一段时间之后，我们的设备突然降频死机，整个系统无法运转，大家纷纷检查自己的系统是否正常，确定故障来自于我们的设备。奇怪的是我们的设备在重启之后又可以正常工作，但是还是一段时间之后就会死机。大家都逐渐不耐烦了，我们下定决心要解决问题，最终确定问题来自于那个自恢复保险丝。当电源芯片处于室温时，其功率损耗较小，负载电流约为 480 mA，工作正常，当工作一段时间之后，器件发热损耗增大，负载电流超过了 500 mA，使保险丝熔断，导致设备欠压关机，当电源芯片冷却后，损耗恢复正常，自恢复保险丝也恢复。就是这么一个小小的设计漏洞，导致整个系统频繁停机。

3. 分析总结

此时同学们已经历了许多课程设计的历练，对功能设计了如指掌，但面对功耗等其他设计问题时，往往会忽视其重要性。提醒同学们做事情要循序渐进，反复检查，确保万无一失，要有个人责任感，对自己的每一次设计负责。

案例 4 从电能变化看节能环保

【课程名称】电力电子技术基础
【教学内容】逆变电路
【案例意义】理论联系实际，以问题为导向的思考逻辑。

教学过程

1. 问题导入

此阶段，给同学们讲解了基本的直流-交流变流电路，即逆变电路的基本拓扑结构、电路工作原理等知识点，因为同学们已经学习过交流-直流的整流电路，对于相控式的电能变换已经有一定的基础认识。但基本逆变电路输出的交流电从波形和频谱来看与正弦交流电差距甚远，学生从认知和情感上还无法完全理解和接受，因此教师结合电动汽车的电机驱动系统工作原理，导入问题。

问题一：电压型逆变器的开关管两端的反并联二极管的作用是什么？

问题二：储存在蓄电池中的直流电如何转换成频率可变的交流电来驱动交流电机？

2. 讲授正文

通过对换流方式的分析和讲解，让同学们理解电压型逆变电路和电流型逆变电路拓扑结构的不同，思考为什么在电压型逆变器中二极管与开关管反并联，而在电流型逆变器中二极管与开关管反串联。同时，以阻感负载为例介绍单相半桥、单相全桥、三相全桥、多电平等不同拓扑结构的逆变电路的工作原理和输出特性，提出在上下桥臂通断方式互补的情况下需要注意设置死区时间。提醒学生注意逆变器的工作频率和输出电压幅值一样可以根据负载的需要发生变化，并指出电动汽车的电动机同样需要幅值和频率可变的交流电。

讲解案例：为了解决国家节能、环境污染和经济优化问题，发展可再生能源，促进新能源汽车的使用是重要的解决手段。电动汽车作为新时代经济的增长点，是实现能源转型突破的重要途径。电动汽车已经成为世界各国汽车制造商的主要战略和汽车市场转型发展的主要选择。电动汽车关键研究技术中，电机驱动控制技术是研究课题的重点，它的性能将直接关系到整车的安全性、经济性、动态响应能力和可靠性，是电动汽车系统最关键的核心部分，而电机驱动系统的核心就是作为主回路的三相电压型全桥逆变电路，它的负载是三相交流电动机。

引起学生兴趣后再具体介绍和分析电动汽车电机驱动系统的工作过程，储存在蓄电池中的直流电通过逆变电路转化成幅值和频率可调的三相交流电输入到交流电机，驱动电机按要求工作。提醒学生在学习的时候注意把握交流电的核心，即频率和幅值，然后结合逆变电路的结构分析各开关器件的工作时序，以及每个电路元件(包括电感、电容、开关管、二极管)在工作过程中分别发挥什么作用，从而加深学生对于基本逆变电路的理解，为后续章节的 PWM 技术介绍打下基础。

3. 分析总结

此时同学们逐渐熟悉电力电子器件和基本的整流电路工作原理，基于本章逆变电路的学习，结合本案例，激发同学们对于电力电子技术在实际生活中的应用的兴趣，启发同学们思考如何将所学知识与生活中的各种事物联系起来，从而加深对所学知识的理解，达到融会贯通。并从交流电的本质出发去学习逆变电路，促使学生养成问题为导向的思维方式。

案例 5 从取得成就到不忘初心

【课程名称】电力电子技术基础
【教学内容】整流电路
【案例意义】不忘初心，学以致用。

教学过程

1. 问题导入

此阶段，给同学们讲解了基本的交流-直流变流电路，包括基本的拓扑结构、工作原理及分析方法、控制策略等知识点。大家对交流电到直流电的转换有了初步了解，但是还不能充分理解交流电变换到直流电这类电能转换的具体意义及应用领域。因此，教师结合我国能源分布及一些国家重大成就，进行问题导入。

问题一：为何要将交流电转化为直流电？

问题二：我国在整流技术的应用中是否有取得在世界领先的巨大成果？

2. 讲授正文

通过对整流电路的工作原理及分析方式的讲解，让同学们理解掌握整流电路的不同拓扑结构、各类型特点、分析方法等。并在学习过程中渗透整流电路技术与现代化建设的发展关系；结合我国的能源分布情况，介绍近年来国家重大高压直流输电工程的实施情况，其中电力电子技术的电能变换是关键。最后引出我国电力机车、直流输电技术等的发展成果。

讲解案例：

我国约有 80%的能源资源分布在西部与北部，而有近 70%的电力负荷集中在中部和东部，呈现出“源荷分离”的特点。这一特点对我国电力系统提出了跨区域、远距离、大规模的电能输送要求，我国已将西南水电、西北火电高质量、大规模地送往华北、华东和南方用电中心，促成了“西电东送”、“北电南送”的电力格局。而在高电压等级、大输电容量和远距离传输方面，与高压交流输电技术相比，高压直流输电技术性能更好。我国高压直流输电技术经过几代人的努力，实现了历史性跨越，例如2019年，首条±1100 kV特高压直流输电工程建成投运，直流输电技术在世界范围内首次具备了3000~5000 km内输送千万千瓦级电力的能力，意义重大。

先介绍在世界上领先的巨大工程应用成就，引起学生的兴趣后，再具体介绍和分析整流电路的拓扑、工作过程，提醒学生关注基本数量关系以及负载性质对整流电路的影响。然后引入一些常见领域中的应用，让学生切实感受到整流电路是真实出现在我们的日常生活中的。最后再以我国电力机车的发展为例，告诉学生电力机车与直流输电技术等的发展是相互辉映的，使学生明白学科技术发展与现代化建设同步并进的关系。

3. 分析总结

此时同学们逐渐熟悉电力电子器件的知识，基于本章的整流电路的学习，结合本案例的学习，引起同学们学习电力电子电路的兴趣，并激发学生们对我国在交流-直流相关领域成就的自豪感，进一步引导学生不忘初心、学以致用，为推动社会进步做出应有的贡献。

案例6 从PWM到“量变与质变”

【课程名称】电力电子技术基础

【教学内容】PWM技术

【案例意义】克服畏难情绪，坚持学习思考，实现量变到质变的飞跃。

教学过程

1. 问题导入

此阶段，同学们已经学习了逆变、整流、直流-直流、交流-交流这四大类基本的电力电子电路，对电力电子器件的应用技术已经有了清晰的认识，但对于电力电子电路的控制技术还不甚了解。PWM(pulse-width modulation)控制技术在电力电子变流技术中占有十分重要的位置，它可应用于逆变、直流斩波、整流、交流-交流控制等所有电力电子电路。它可以使电路的控制性能大为改善，使难以实现的功能得以实现，对电力电子技术的发展产生了深远的影响。

随后，对PWM控制技术中的调制法进行讲解，结合面积等效原理，对比载波和调制信号，通过控制变流器开关的开通与关断，输出端得到一系列幅值相等而宽度不相等的脉冲，从而得到一个正弦波。

问题1：载波和调制信号分别指什么？PWM的基本原理是什么？

问题2：如何改变等效输出正弦波的幅值？

2. 讲授正文

PWM控制就是对脉冲的宽度进行调制的技术，由面积等效原理可知，冲量相等而形状不同的窄脉冲施加在惯性环节上时，其效果基本相同，当周期较小时，窄矩形脉冲可以逼近正弦波。通过对PWM控制技术的讲解，以PWM控制效果优势引入，介绍PWM逆变电路、整流电路的控制方法，使学生建立起量变与质变、宏观与微观、长时间尺度下调制波与短时间内方波不同层面的物理世界观。结合当前世界正经历百年未有之大变局、科技创新成为关键变量的现实背景，启示高校学生们如何做到日常科研的量变到质变，激励学生们作为基础研究主力军承担自立自强的使命担当。

讲述案例：科研的本质就是追求“从量变到质变”的过程，克服畏难情绪，量变积累到一定程度会产生质变；质变不会无缘无故发生，必然是量变的结果，哪怕这个量变非常微小；质变不是终结，前一个质变是下一个质变的开始，又会开始量变的过程。所以量变和质变是相互转化、相互依存的关系。不积跬步无以至千里，不积小流无以成江海，当代大学生要持之以恒地学习专业知识，勇于探索实践，广泛阅读文献，不断提升自己的科研能力，为构建自立自强的科技创新系统而努力，以实现更多关键核心技术自主可控为己任，为实现中华民族伟大复兴提供强大的科技支持。

3. 分析总结

同学们可能对于初次接触的专业性较强的知识会产生一定的畏难情绪，导致在课上积极性不高，易走神，因此需要克服畏难情绪，体会从量变到质变的飞跃。

基于前面对 PWM 控制技术的学习，结合本案例的学习，激发同学们的学习热情，增强学习紧迫感，鼓励学生勇于创新，深刻理解把握时代潮流和国家需要，敢为人先、敢于突破，以聪明才智贡献国家。

3

电机与电力拖动

教学内容和思政融合设计

序号	教学内容	思政映射与融入点
1	绪论	知电机发展史 懂科学思维方式 案例 1：随着电力拖动技术在高铁、电动汽车、船舶等领域的应用和发展，以高密度的感应电机、永磁电机及其控制技术为基础的电传动系统，得到了广泛应用。
2	知识点：直流换向	学直流电机换向原理 培养爱岗敬业品质 案例 2：直流电机在启动和调速要求较高的机械上得到广泛使用，但因为换向器，维护较为麻烦。播放直流电机生产装配视频，并鼓励学生动手制作套件。
3	知识点：电力拖动	学电力拖动　增强道路自信、制度自信 案例 3：以中国电机工业发展的艰难和辉煌成绩增强学生道路自信和制度自信。
4	知识点：直流电机调速	了解团队先进事例 培养工匠精神 案例 4：以李永东教授为代表的一批科技精英为中国铁路的发展做出了突出的贡献，成为中国速度的“幕后推手”。
5	知识点：变压器	知“变压器门”事件　激爱国主义情怀 案例 5：了解工控安全年度悬案：“变压器门”事件。特朗普政府发布了令人惊讶的行政命令，以供应链安全威胁为由，将外国对手提供的关键设备排除在美国国家电网之外。
6	知识点：异步电动机	激发创新意识 解决具体问题 案例 6：介绍生活中异步电动机的应用场合，建立三维电机模型，让同学们了解该电机的内部结构。讲解异步电机的发展史，激励学生为促进该领域发展目标不断努力，不断奋斗。

案例 1 电机的发展与实际中的应用

【课程名称】电机与电力拖动

【教学内容】电机的发展与实际中的应用

【案例意义】溯源电机的发展史，培养科学思维方式。

教学过程

1. 问题导入

生活中用到了电动的地方有很多，如：冰箱压缩机里有电机、洗衣机靠电动机洗衣服、抽油烟机里的风机靠电机带动、汽车摩托车里面有发电机和启动电机、小区里的加压水泵、电动车靠电机驱动等等。电机是能量转换装置，是利用电磁感应原理工作的机械，是实现电能的生产、变换、传输、分配、使用和控制的电磁机械装置。按照功能对电机进行分类可分为：发电机、电动机、变压器和控制电机四大类；按电机结构或旋转静止可分为：变压器和旋转电机。针对课题“电机的发展与实际中的应用”进行研讨，为同学们学习电机与电力拖动打下了基础。

2. 讲授正文

“电机与电力拖动”是交通设备与控制工程专业的一门专业核心课，现代轨道交通电力机车及电动车组(包括高速列车)靠电机的驱动来达到运行的目的。通过本课程各个环节的学习，让学生掌握电机与电力拖动的基本理论、基本知识和基本技能。由于每个学生都能在生活中接触到电机，也对电机如何实现旋转充满兴趣，为解决学生心目中的疑团，采取播放科学家事迹视频的方式，让同学们了解科学家对该领域做出的杰出贡献并对实验部分进行研讨。

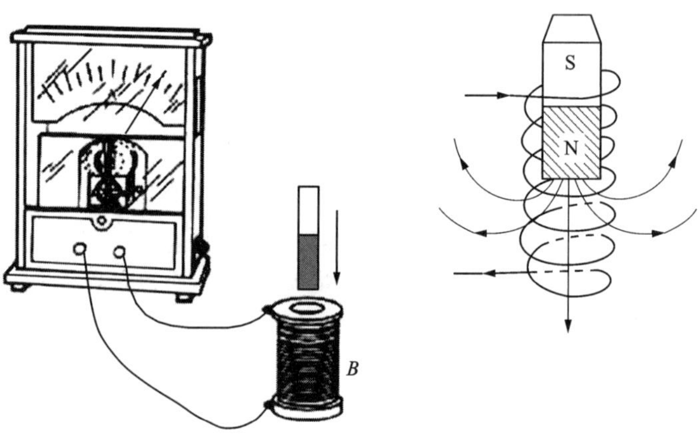

闭合回路中的磁感应强度变化引起磁通量变化

$\Delta\phi=\phi_2\cdot\phi_1=\Delta B\cdot S$

图 3-1 电磁感应定律的发现

电磁感应定律的发现：1821 年法拉第发现了电动机作用原理，制成原始型式电动机，第一次实现了电磁能量向机械能量的转换。1831 年法拉第提出了电磁感应定律。第一代电机雏形，法拉第圆盘发电机。

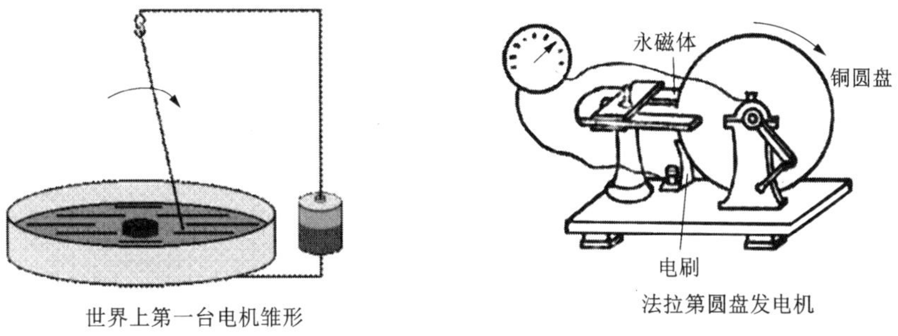

图 3-2 电机发展简史

人类的生产劳动离不开各种能源。在现代工业化社会中，各种自然能源一般不能直接拖动生产机械，必须将其先转换为电能，然后再将电能转变为所需要的能量形态(如机械能、热能、声能、光能等)加以利用。这是因为电能在生产、传输、分配、使用、控制及能量转换等方面极为方便。电机是与电能有关的能量转换机械，它是工业、农业、交通运输、国防工程、医疗设备以及日常生活中常用的重要设备。

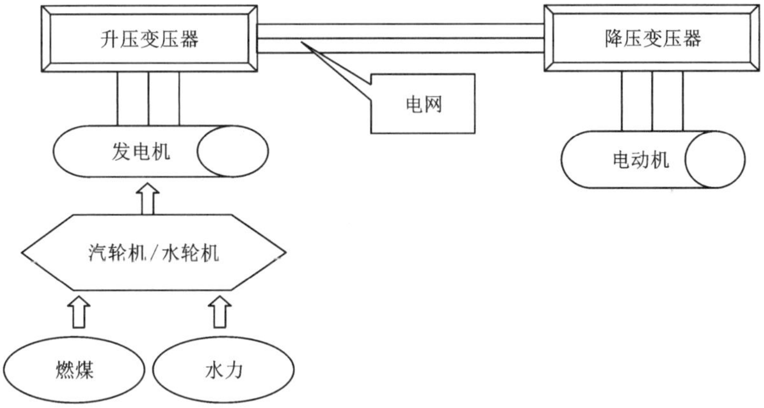

图 3-3 电机在电能生产传输过程中的作用

同学们通过互动探讨，理解了电机的起源，知道了电机在人类生活中发挥的巨大作用，并向科学家学习了严谨的科学态度和精益求精的科研作风。

3. 分析总结

秉承将思政教育以润物细无声的方式自然地融入专业教学中，增强思政教育的亲和力与感染力，给学生带来真实的体验感与获得感，培养学生科学精神这一理念。将抽象的数学模型、枯燥的计算与科学家的视频相结合，激发同学们的学习兴趣和探索行为，从而让知识鲜活起来，易于理解和掌握。通过讲授当前电机发展历史与实际应用，培养学习者不盲从、不盲信的科学态度，帮助学习者获得良好的科学思维能力。

案例 2 直流电机换向原理

【课程名称】电机与电力拖动

【教学内容】直流电机换向原理

【案例意义】掌握直流电机换向原理，培养爱岗敬业品质。

教学过程

1. 问题导入

直流电机是指能将直流电能转换成机械能(直流电动机)或将机械能转换成直流电能(直流发电机)的旋转电机。直流电机以直流电为电源，具有良好的启动性能，并能较好实现平滑调速。因此，直流电机在启动和调速要求较高的机械上得到广泛使用，但因为换向器，维护较为麻烦。针对研讨课题“直流电机换向原理”进行研讨，为同学们提供直流电机生产装配视频，并提供相关制作套件提高其动手能力。

2. 讲授正文

电机制作工艺一般分三段，电枢段、端盖段和磁底段。端盖段制作电刷，流程是啤碳精，端盖装配，啤反口。磁底段制作电机定子，流程是铁壳啤杯士，磁底装配，磁底充磁。磁通测量。电枢段制作转子。电枢是电机最要的部分，制作工艺主要是，冲铁芯，铁芯喷胶，铁芯啤换向器，绕线，碰焊，电阻测量，车换向器，电枢入介子，端盖、磁底、电枢装配成马达，封口，测试虚位，测试马达性能，贴标签，入盒包装。

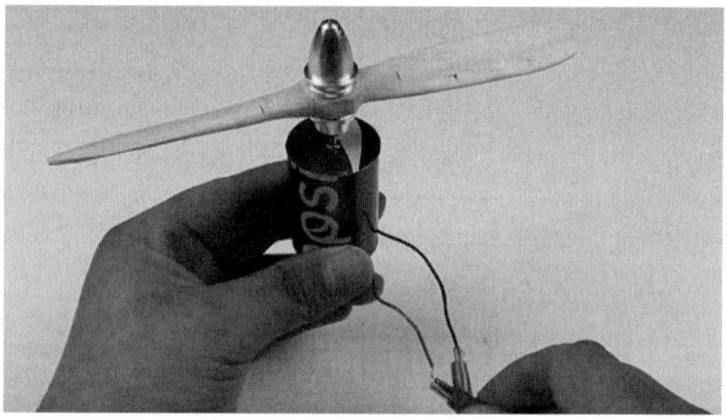

图 3-4 电机制作

直流电动机是最早的电动机，出现在 19 世纪初，其大致可分为有换向器和无换向器两大类。直流电动机在结构、价格、维护方面都不如交流电动机，但是由于交流电动机的调速控制问题一直未得到很好的解决方案，而直流电动机具有调速性能好、起动容易、能够载重起动等优点，所以目前直流电动机的应用仍然很广泛。

除了直线换向外，延迟和超越换向时的合成电动势不为零，换向元件中产生附加换向电流，附加换向电流足够大时会在电刷下产生火花。还有机械和化学方面的因素也能引起换向不良产生火花。改善换向一般采用以下方法：在几何中性线处装换向磁极。换向绕组与电枢绕组串联，在换向元件处产生换向磁动势抵消电枢反应磁动势。

把电刷 A、B 接到直流电源上，电刷 A 接正极，电刷 B 接负极。此时电枢线圈将电流渡过，如图 3-5 所示。在磁场作用下，N 极性下导体 ab 受力方向从右向左，S 极下导体 cd 受力方向从左向右。该电磁力形成逆时针方向的电磁转矩。当电磁转矩大于阻转矩时，电机转子逆时针方向旋转。

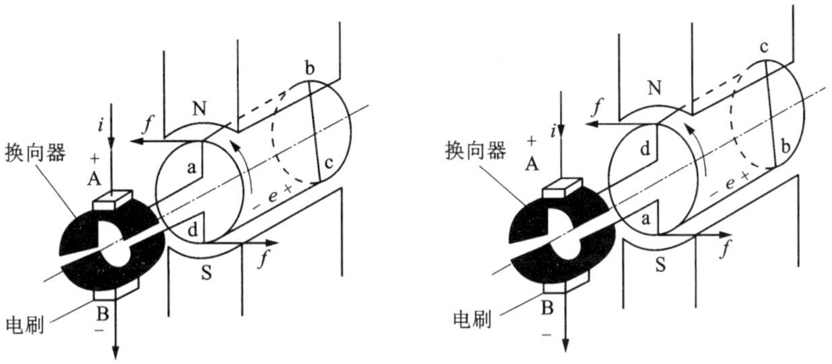

图 3-5　直流电动机原理

减少换向元件的感应电势和旋转电势，可以有效地改善换向。最有效的办法：装换向极。

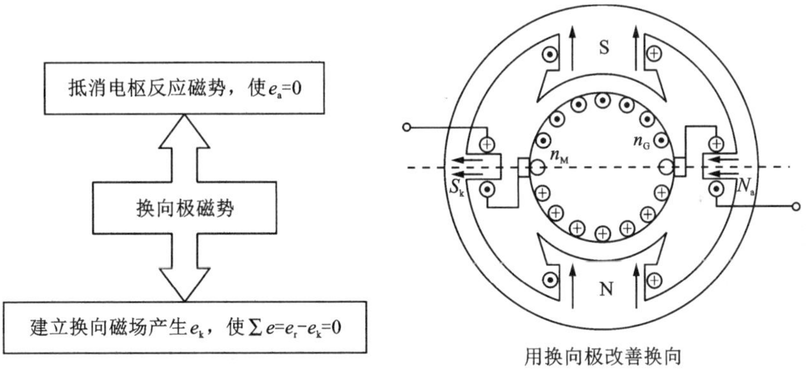

图 3-6　改善换向的方法

3. 分析总结

以实际生产车间直流电机制作视频为例引导同学们动手制作电机，以用促学，培养学生对知识体系的深入探究。使学生觉得学有所用，激发学生学习兴趣，树立爱岗敬业品质；由视频激发同学对我国电机未来发展的期盼，引导小组讨论思考具体电机控制设备有哪些。将课程思政融入教学过程：通过互动式教学，分组进行讨论，教师总结评价，培养学生严谨的学习与工作态度和团队协作精神。

案例 3 电力拖动

【课程名称】电机与电力拖动
【教学内容】电机的发展与实际中的应用
【案例意义】学习电力拖动，增强道路自信、制度自信。

教学过程

1. 问题导入

电力拖动就是利用电动机驱动生产机械运动，完成一定的生产任务。一般情况下，电力拖动系统可分为电动机、工作机构、控制设备及电源等四个组成部分。要指出的是，在许多情况下，电动机与工作机构并不同轴，二者之间有传动机构，它把电动机的转动经过中间变速或变换运动方式后再传给生产机械的工作机构。针对研讨课题“电力拖动”进行研讨，为同学们理解电力拖动以及掌握拖动过程中的动力学模型提供帮助。

2. 讲授正文

用中国电机工业发展的艰难历程和辉煌成绩激发学生道路自信和制度自信。我国电机工业基本上是解放后发展起来的。第一个五年计划期间的“156 项工程”中就有一批电机工业项目。20 世纪 50 年代前后建成了许多大型电机制造骨干企业。目前，我国电机工业已经形成了一整套完整的业务体系，产品的品种、规格、性能和产量都已基本满足我国国民经济的发展需要。我国成为世界上最大的中小型电动机生产、使用和出口国。通过新中国成立前后的电机工业发展对比，让学生认识到中国电机工业的快速发展和取得的成果是在党的领导下，进行新民主主义革命和社会主义建设，走中国特色社会主义道路而实现的。以此帮助学生建立道路自信、制度自信。

图 3-7 中国电机工业艰难发展

在电力拖动系统中，若电动机和工作机构直接相连，这种系统称为单轴系统。若电动机和工作机构通过传动机构相连，这种系统我们称为多轴系统。多轴电力拖动系统的运动情况比单轴系统复杂多了。若按多轴计算，要列出每根轴自身的运动方程式，再列出各轴之间互相联系的方程式，最后联立求解这些方程，才能分析研究整个系统的运动。为了简化分析计算，通常把传动机构和工作机构看成一个整体，且等效成一个负载，直接作用在电动机轴上，变多轴系统为单轴系统，再用运动方程式来研究分析，这样更为简单方便。

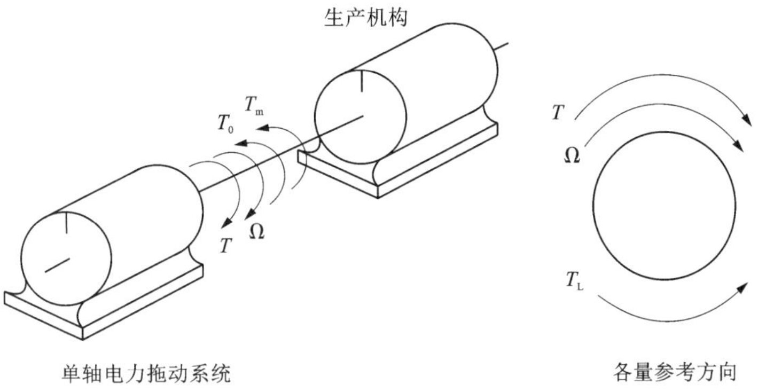

图 3-8　单轴系统的运动方程

通过 MATLAB 仿真软件进行电机拖动实验操作。针对学生预习情况，提问、演示实验操作及强调注意事项，在学生实验操作过程中，通过提示及监督学生严格按实验规范及实验步骤操作，强化学生的工程意识。

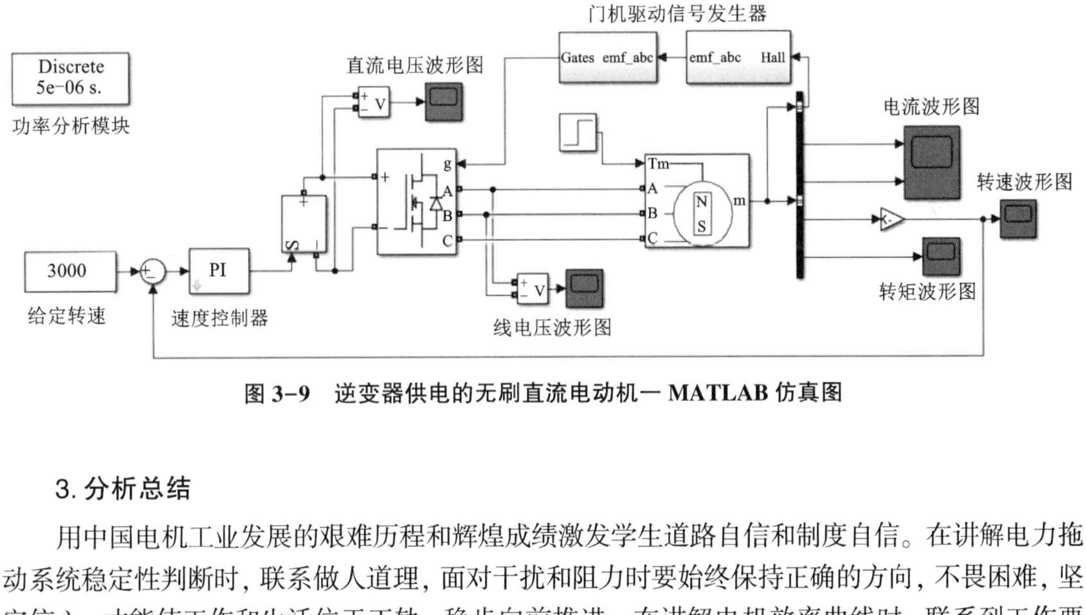

图 3-9　逆变器供电的无刷直流电动机— MATLAB 仿真图

3. 分析总结

用中国电机工业发展的艰难历程和辉煌成绩激发学生道路自信和制度自信。在讲解电力拖动系统稳定性判断时，联系做人道理，面对干扰和阻力时要始终保持正确的方向，不畏困难，坚定信心，才能使工作和生活位于正轨，稳步向前推进。在讲解电机效率曲线时，联系到工作要劳逸结合、张弛有度，既不贪图轻松享乐，也不负重过度，超限运行，才能效果最佳。

案例 4 直流电机调速

【课程名称】电机与电力拖动
【教学内容】直流电机调速原理
【案例意义】了解团队先进事例，培养工匠精神。

教学过程

1. 问题导入

以直流电动机作为原动力拖动生产机械做功，主要研究电动机与被拖动的生产机械之间的关系，即电动机的电磁转矩与生产机械的负载转矩和系统转速之间的关系。针对研讨课题“直流电机调速”进行研讨，为同学们学习电机与电力拖动打下基础。

2. 讲授正文

中国高铁的成功发展是中国现代化和强国化的标志之一。2021 年 12 月 30 日，京港高铁安九段开通运营，标志着中国高铁运营里程突破 4 万公里，稳居世界第一。2022 年，高铁的旅客发送量达到了 25. 3 亿人次，这是 2012 年的 5 倍。在中国高铁从技术设备落后到高速度、高质量发展的转变过程中，清华大学电机系的李永东教授及其团队发挥了非常重要的作用。以李永东教授为代表的一批科技精英为高铁的发展做出了突出的贡献，成为中国速度的“幕后推手”。

电动机调速是通过人为改变电动机的参数获得另外的电动机机械特性曲线，工作点发生变化，转速发生变化。调速前后，电动机工作在不同的机械特性上。如果机械特性不变，仅由于负载变化而引起转速的变化，则不能称为调速。

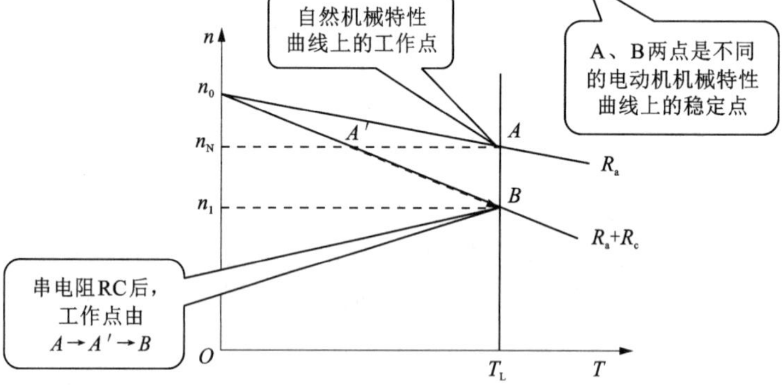

图 3-10 电动机调速基本概念

当电动机调速时，在不同的转速下，电枢电流能否总保持为额定值，即电动机能否在不同转速下都得到充分利用，这个问题与调速方式和负载类型的配合有关。一般来说，为了使电动机得到充分利用，拖动恒转矩负载时，应采用恒转矩调速方式。拖动恒功率负载时，应采用恒功率调速方式。有时为了扩大调速范围，可以采用两种方式结合使用的方法。

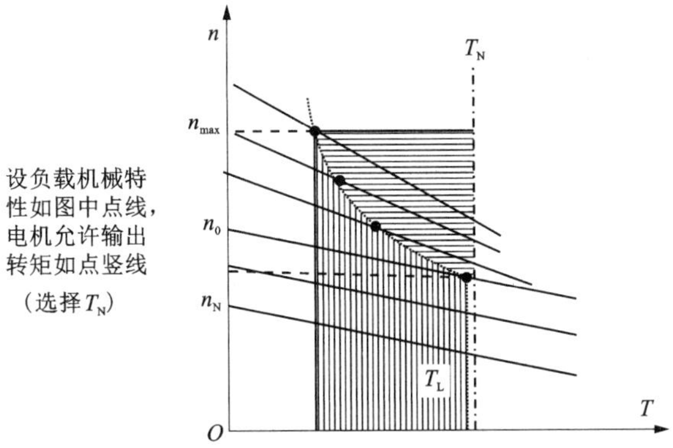

图 3-11　负载类型与调速方法配合

解决了他励直流电动机的调速问题后，布置课外小组任务：总结三种调速方法，调速过程分析方法，三种调速方法的优缺点；做思维导图；并讨论电动机的调速方式为什么要与负载性质匹配，不匹配时会出现什么问题。

3. 分析总结

在教学过程中，将调速方法和调速过程讲深讲透，在传授知识的同时，结合李永东团队先进事迹，在课程中植入思政教育元素，引导学生勤奋好学，增长学生的创新精神、工程伦理和工匠精神。注意拓宽专业学习的深度和广度，及时了解电机行业发展的最新动态，使学生在课程实践中具备安全责任意识和节能环保意识。

案例 5　变压器的用途与工作原理

【课程名称】电机与电力拖动
【教学内容】变压器的用途与工作原理
【案例意义】激发学生的强烈爱国主义精神和落后就要挨打的忧患意识。

教学过程

1. 问题导入

变压器是一种静止的电机，它利用电磁感应原理将一种电压、电流的交流电能转换成同频率的另一种电压、电流的电能。换句话说，变压器的作用是实现电能在不同等级之间进行转换。针对研讨课题“变压器的用途与工作原理”进行研讨，为同学们学习电机与电力拖动打下基础。

2. 讲授正文

据《环球时报》报道，2019 年夏天，一台重量超过了 227 t 的中国产的电力变压器，通过航运抵达休斯敦港口后，原本应该被运往科罗拉多州的一座为丹佛市供电的变电站。然而，这台变压器却没有到达变电站，而是被美国联邦官员在港口“没收”了。且“没收”之后，还送去了专业实验室研究。时任美国总统特朗普在当年 5 月 1 日签署了一项行政命令，这项命令让联邦官员有了法律权利阻止美国的公用事业使用来自被认为受到美国“外国对手”影响或控制的高端设备。虽然这项行政命令没有明确指明“外国对手”是谁，但是外界都普遍认为这主要是针对俄罗斯与中国。那么，可想而知，随着联邦政府开始执行命令，未来必将出现更多干涉，美国对我国的技术和经济封锁进一步加深了。

图 3-12　变压器

按用途分类，变压器可分为电力变压器(主要用在输配电系统中，又分为升压变压器、降压变压器、联络变压器和厂用变压器)、仪用互感器(电压互感器和电流互感器)、特种变压器(如调压变压器、试验变压器、电炉变压器、整流变压器、电焊变压器等)。

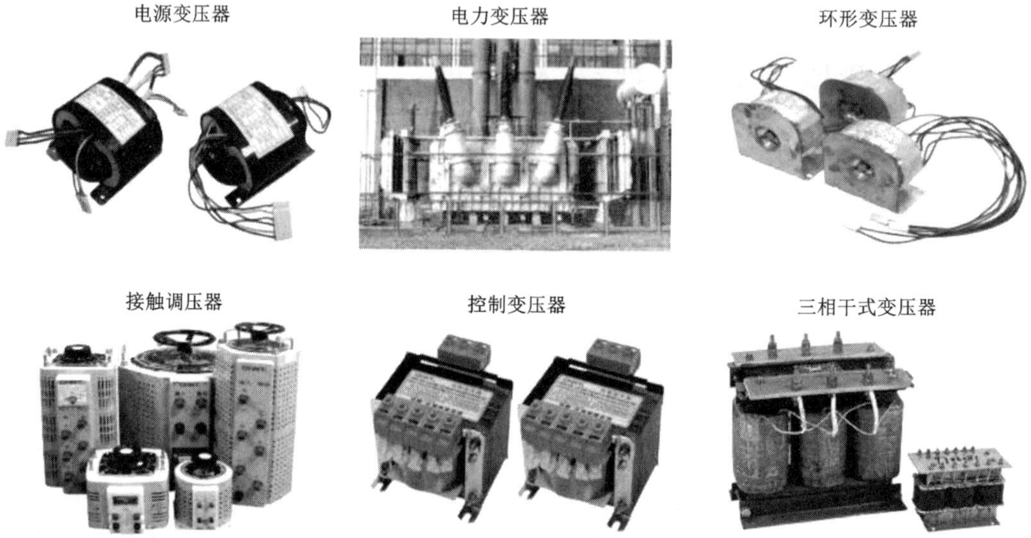

图 3-13　不同类型的变压器

理想变压器(如图3-14所示)是一个端口的电压与另一个端口的电压成正比，且没有功率损耗的一种互易无源二端口网络。它是根据铁心变压器的电气特性抽象出来的一种理想电路元件。

变压器的运行过程：

原端线圈加电压→电流 i_1(电阻上铜损)→磁势 F_1→磁场、磁通(主、漏磁通)→电势(原端、副端，必须交变，铁芯铁损)→副端电流 i_2(电阻上铜损)→最后：电磁平衡。

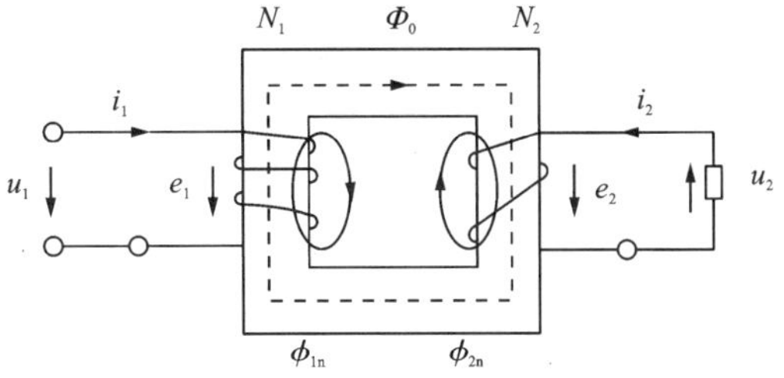

图3-14 理想变压器

组织教学活动，将学生分成3组：变压器A组；变压器B组；变压器C组。各组学生分工协作，查询、整理资料，整理变压器的结构，并分析各部分工作过程及原理。根据电力学的相关知识，设计升压、降压变压器。同学们通过互动探讨，感受变压器之美，激发对相关行业的向往。

3. 分析总结

明确课程的价值目标，通过“变压器门”事件，激发学生的强烈爱国主义精神，和落后就要挨打的忧患意识，教育学生只有不断学习，自身强大，才能获得科技自主权，才能获得尊重和认可。

案例6 异步电动机的发展过程和结构分析

【课程名称】电机与电力拖动

【教学内容】异步电动机的用途和工作原理

【案例意义】激发学生的自主创新意识，提升解决具体问题的能力。

教学过程

1. 问题导入

电动机可以根据转子的转速和旋转磁场的转速是否相同分为同步电动机和异步电动机。在生活中，这两者各有自己应用的场合，其中同步电动机多应用在大型发电机，而异步电动机多应用在电扇、冷冻机、通风机等设备上。而在生活中，异步电动机的应用处处可见，本课程通过研讨“异步电动机的用途和发展过程”，激发同学们在生活中的创新热情。

2. 讲授正文

异步电动机是由气隙旋转磁场与转子绕组感应电流相互作用产生电磁转矩，从而实现机电能量转换为机械能量的一种交流电机异步电动机。异步电动机由定子和转子组成，定子、转子间有气隙。根据转子结构不同分为笼型转子和绕线转子两种。定子由定子铁芯、定子绕组和机座三个主要部分组成。转子由转子铁芯、转子绕组的转轴组成。

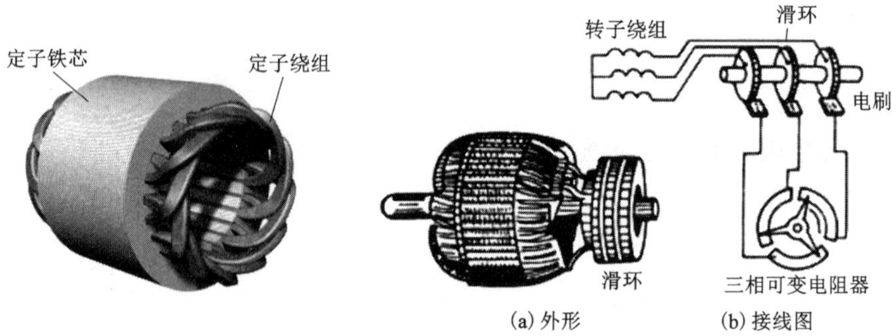

图 3-15 定子、转子

介绍异步电机的发展历史。在传统直流电机的发展的基础上，1885 年，异步电动机由意大利物理学家费拉里斯发明。随着对旋转磁场研究的深入和交流电系统的广泛应用，1888 年尼古拉·特斯拉在美国发明了感应电机，一年之后，多利沃-多布洛夫斯基发明笼型异步电机。目前，鼠笼型异步电动机是使用最广泛的异步电动机。

以三相异步电动机为例，分析三相异步电动机的工作原理。有感应电流的转子导体在旋转磁场中将受到电磁力的作用，作用于转子导体上的电磁力对转子轴产生的电磁转矩与旋转磁场的旋转方向是一致的，从而驱动转子沿着旋转磁场的转动方向旋转。如果转子与生产机械连接，则转子上受到的电磁转矩将克服负载转矩而做功，从而实现能量的转换。

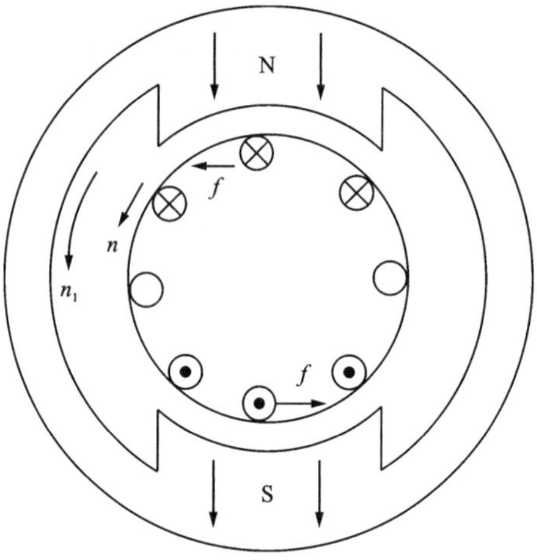

图 3-16 感应电流下的转子

不管是直流电机还是交流电机，主要研究的重点是绕组结构、绕组的电势、绕组的磁势。研究顺序是从具体实际的电机结构到抽象的电势、磁势。对于异步电动机，其中转子是否转动是影响电动机正常运行的重要一环。对于转子不动的情况，要分为转子断路和转子堵塞两种情况，在转子正常转动情况下，转子的频率发生变化，电势、阻抗、电流也随之变化。

3. 分析总结

用异步电动机的发展历程鼓励学生进行创新发明。我国的科学技术在一段历史时间处于落后状态，但随着一代代中国人的努力，我们在奋起直追、不断赶超。在分析三相异步电动机原理时，联系人生观教育，引导学生树立确定的目标，向着这个目标不断努力，不断奋斗。讲解异步电动机运行情况时，将转子转动和转子不动的情况做对比，鼓励同学在分析事物的具体情况下，可以忽略一些次要因素，抓住事物的主要矛盾，解决主要矛盾。

4

现代控制理论

教学内容和思政融合设计

序号	教学内容	思政映射与融入点
1	绪论	自信自强，守正创新 案例 1：通过讲解控制理论的中国贡献，让学生体会到中华传统文化源远流长、博大精深。通过先辈的科研事迹激发学生们的探索精神。
2	知识点：控制系统的状态空间描述	化繁为简，透过现象看本质 案例 2：讲解实际生产问题的具体模型建模过程，培养学生透过现象看本质，掌握抽象和具体的辩证关系。
3	知识点：线性控制系统的能控性和能测观性	认识线性系统能控性和能观测性之间的对偶性 案例 3：讲解线性控制系统中的能控性、能观测性的对偶关系。教育学生勤于思考，擅于观察，在学习中灵活运用联想思维，达到事半功倍的学习效果。
4	知识点：李亚普洛夫稳定性理论	李亚普洛夫稳定性理论的启示 案例 4：讲解李亚普洛夫稳定性理论，引导学生心怀“国之大者”，以“无我”之境践行“为民”初心。
5	知识点：状态反馈和输出反馈	利用反馈思想，实现人生理想 案例 5：通过讲解状态反馈和输出反馈的概念，培养学生的反馈意识，利用反馈的思想调整人生的航向，实现人生理想。

案例 1　自信自强，守正创新

【课程名称】现代控制理论

【教学内容】控制理论的中国贡献

【案例意义】通过讲解控制理论的中国贡献，让学生体会到中华传统文化源远流长、博大精深。通过先辈的科研事迹激发学生们的探索精神。

教学过程

1. 问题导入

控制理论的发展源于实践，而控制论发展起来后又反哺于实践，为实践生产提供理论保障。我国是文明古国，指南车、铜壶滴漏等发明均体现了我国古代自动控制理论思想。通过讲解控制理论的发展历程，特别是我国杰出科学家钱学森创立工程控制论与系统科学的事迹，激发学生们的探索精神。

2. 讲授正文

在我国，关于控制的研究由来已久，指南车、铜壶滴漏等发明均体现了我国古代自动控制理论的思想。

燕肃的指南车是一辆双轮独辕车，车上立一木人，伸臂指南。车中，除有两个沿地面滚动的车轮外，尚有 7 个大小不同的齿轮。由齿数、转动数，并保证木人指南的目的，可见古人掌握了关于齿轮匹配的力学知识和控制齿轮离合的方法。车轮转动，带动附于其上的垂直齿轮，该附轮又使与其啮合的小平轮转动，小平轮带动中心大平轮。指南木人的立轴就装在大平轮中心。当车转弯时，车辕会自动控制车上的离合装置，即竹绳、滑轮和铁坠子，就可以控制大平轮的转动，从而使木人指向不变。按照自动控制系统来分析就是车辆转弯时，齿轮系就要补偿车辆转弯带来的方向转动，按照自动控制系统的术语来讲，指南车系统就是一个前馈控制。

中国古代的自动计时（测量时间）装置，又称刻漏或漏刻。这种计时装置最初只有两个壶，上壶滴水到下面的受水壶，液面使浮箭升起以示刻度（即时间）。保持上壶的水位恒定是滴漏计时准确的关键。这个问题后来是用互相衔接的多级（3~5 级）水壶来解决。用一个浮子式阀门作为自动切断阀。铜壶滴漏是一个没有反馈的简单自动控制系统。

图 4-1　指南车与铜壶滴漏

我国科学家钱学森在 20 世纪 50 年代开展控制论方面的研究，并创建了一门新学科：工程控制论。工程控制论吸引了大批数学家和工程技术专家从事控制论研究，在 20 世纪五六十年代形成了控制科学研究高潮。庞特里亚金的极大值原理、卡尔曼的能控能观性定理和递推滤波器等，都是在这一时期产生的。工程控制论也被科学界认为是继维纳控制论后在控制领域的又一个辉煌成就，为控制理论的发展做出了重大贡献。

通过向学生们介绍科学家的生平经历，阐述个人理想和社会理想的关系。社会理想是以个人理想为基础，个人理想是以社会理想为导向。坚持个人奋斗目标与国家、民族的奋斗目标相统一，把个人理想融入社会理想之中，在为实现社会理想而奋斗的过程中实现个人理想。引导学生将个人理想与实现中华民族伟大复兴的中国梦融合，在实现人生价值的同时，为社会主义现代化事业的建设添砖加瓦。

3. 分析总结

结合中国古代自动控制理论思想，如指南车、铜壶滴漏等内容的讲解介绍，让学生体会到中华传统文化源远流长、博大精深。通过讲授推动现代控制理论发展的关键人物的生平经历，激发学生对科学的探索精神和实践精神。鼓励学生将个人理想融入社会理想，为实现中华民族伟大复兴而努力。

案例 2 化繁为简，透过现象看本质

【课程名称】现代控制理论

【教学内容】控制系统的状态空间描述

【案例意义】讲解实际生产问题的具体模型建模过程，培养学生透过现象看本质，掌握抽象和具体的辩证关系。

教学过程

1. 问题导入

对于复杂问题的建模过程需要先选取合适的状态变量来描述。状态变量是确定系统状态的最小一组变量。本课程要让学生了解状态空间描述的基本概念，掌握状态空间表达式的建立方法。通过讲解实际生产问题的具体模型建模过程，培养学生透过现象看本质，掌握抽象和具体的辩证关系。

2. 讲授正文

系统动态过程的两类数学描述：

①输入—输出描述(外部描述)

“输入—输出描述”是描述系统输入—输出变量关系的模型。如传递由数、微分方程等。“输入—输出描述”(外部描述)仅描述系统的外部特性，不能反映系统的内部结构特征(即不能反映“黑箱”内部的某些部分)，是对系统的一种不完全描述。

②状态空间描述(内部描述)

状态空间描述：通过建立系统内部状态和系统的输入以及输出之间的数学关系，来描述系统的行为。能完全表征系统的一切动力学特征，它是对系统的一个完全描述。

系统数学描述的基本类型
输入—输出描述（外部描述）
➢ 输入—输出描述是描述系统输入—输出变量关系的模型。如传递函数、微分方程等。
➢ 输入—输出描述仅描述系统的外部特性，不能反映系统的内部结构特征（即不能反映“黑箱”内部的某些部分），是对系统的一种不完全描述。

图 4-2 系统数学描述的类型

状态空间描述（内部描述）
➢ 状态空间描述通过建立系统内部状态和系统的输入以及输出之间的数学关系，来描述系统的行为。

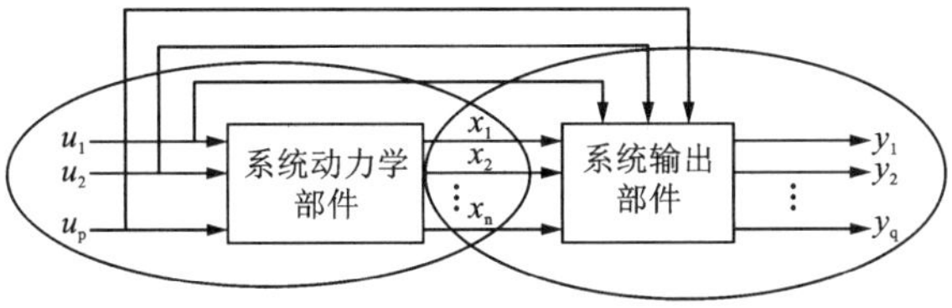

➢ 状态空间描述能完全表征系统的一切动力学特征，它是对系统的一个完全描述。

图 4-3 状态空间描述

状态和状态空间的定义：

系统的状态：能够完全表征系统时间域行为的一个最小内部变量组。

状态变量：构成系统状态的每一个变量。状态变量构成的列向量为状态向量。

状态空间：以 n 个线性无关的状态变量作为基底所组成的 n 维空间称为状态空间 R^n。

状态轨线：随着时间推移，系统状态 $x(t)$ 在状态空间所留下的轨迹称为状态轨线或状态轨迹。

状态变量组对系统行为具有完全表征性，只要给定这组状态变量在初始时刻 t_0 的值，以及输入变量在各瞬时 $t \geqslant t_0$ 的值，则系统任何一个变量在 $t \geqslant t_0$ 时的运动行为可以被完全确定。

以一个典型的 RLC 电路为例向学生们讲述其状态空间的描述过程，向学生阐释状态、状态变量、状态空间等基本概念。通过实际模型的抽象建模过程，向学生传达具体与抽象的辩证关系，通过物理模型的建立，让学生明白分析实际问题的时候，应抓重点、抓关键，进行合理的假设分析，抓大放小，化具体的物理问题为抽象的数学模型。

例：建立RCL网络的状态空间描述

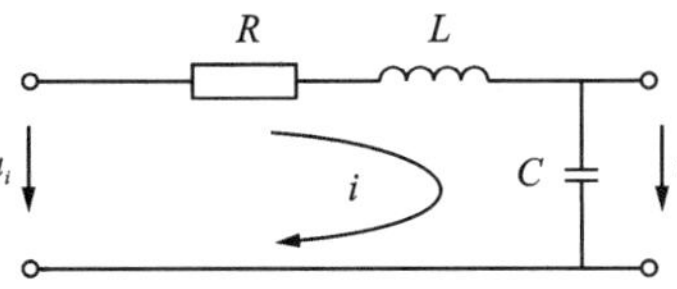

解：$Ri+L\frac{\mathrm{d}i}{\mathrm{d}t}+\frac{1}{C}\int i\mathrm{d}t=u_i$

$u_o=\frac{1}{C}\int i\mathrm{d}t$

图 4-4 RCL 网络的状态空间描述

状态变量的选取，有以下特点：

①状态变量组的最小性：

状态量为完全表征系统行为所必需的系统变量的最少个数，减少变量数将破坏表征的完全性，而增加变量数将是完全表征系统行为所不需要的。

②状态变量组的不唯一性：

由于系统中变量的个数必大于 n，而其中仅有 n 个是线性无关的，因此决定了状态变量组在选取上的不唯一性。

③系统任意两个状态变量组之间的关系：

系统中任意选取的两个状态变量组之间为线性非奇异变换的关系。

系统状态变量的选取特点也反映了辩证思维的特点，在分析建模问题时，要抓住关键、找准重点，找到关键变量。透过现象看本质，将复杂的生产实践问题抽象为数学模型，用理论的方法来分析讨论。

3. 分析总结

通过讲解用状态空间描述方法对具体问题建模的过程，培养学生的辩证思维，帮助学生掌握抽象与具体的辩证关系，把握重点论，在建模过程中抓住关键、找准重点、提炼事物发展规律。

案例 3 认识线性系统能控性和能观测性之间的对偶性

【课程名称】现代控制理论

【教学内容】线性控制系统的能控性、能观测性和对偶性学习

【案例意义】讲解线性控制系统的能控性、能观测性及对偶关系。教育学生勤于思考，擅于观察，在学习中灵活运用联想思维，达到事半功倍的学习效果。

教学过程

1. 问题导入

在经典控制理论中，着眼点在于研究对系统输出的控制。对于一个单输入—单输出系统来说，系统的输出量既是被控量，又是观测量。因此，输出量明显地受输入信号控制，同时，也能观测，即系统不存在是否能控和是否能观测的问题。现代控制理论着眼点在于研究系统状态的控制和观测。这时就遇到系统的能控性和能观测性问题了。通过讲解线性控制系统中的能控性、能观测性，从定义、判据等方面观察系统状态能控性与能观测性之间的差异和联系，掌握线性系统能控性和能观测性之间的对偶关系。

2. 讲授正文

能控性(controllability)和能观测性(observability)深刻地揭示了系统的内部结构关系，由卡尔曼(R. E. Kalman)于20世纪60年代初首先提出并研究的这两个重要概念，在现代控制理论的研究与实践中，具有极其重要的意义。

能控性定义：

考虑 n 维线性时变系统的状态方程

$$\dot{\boldsymbol{x}}=\boldsymbol{A}(t)\boldsymbol{x}+\boldsymbol{B}(t)\boldsymbol{u},\ \boldsymbol{x}(t_0)=\boldsymbol{x}_0,\ t\in T_{\mathrm{t}}$$

如果取定初始时刻 $t_0\in T_{\mathrm{t}}$ 的一个非零初始状态 $\boldsymbol{x}(t_0)=\boldsymbol{x}_0$，存在一个时刻 $t_1\in T_{\mathrm{t}}$，$t_1>t_0$ 和一个无约束的容许控制 $\boldsymbol{u}(t)$，$t\in[t_0,\ t_1]$，使状态由 $\boldsymbol{x}(t_0)=\boldsymbol{x}_0$ 转移到 t_1 时的 $\boldsymbol{x}(t_1)=0$，则称此 $\boldsymbol{x}_0$ 是在时刻 t_0 能控的。

如果状态空间中的所有非零状态都是在 $t_0(t_0\in T_{\mathrm{t}})$ 时刻能控的，则称系统在时刻 t_0 是完全能控的，简称系统在时刻 t_0 能控。若系统在所有时刻都是能控的，则称系统是一致能控的。

能观测性定义：

对于线性时变系统

$$\dot{\boldsymbol{x}}=\boldsymbol{A}(t)\boldsymbol{x},\ \boldsymbol{x}(t_0)=\boldsymbol{x}_0\quad t_0,\ t\in T_{\mathrm{t}}$$

$$\boldsymbol{y}=\boldsymbol{C}(t)\boldsymbol{x}$$

如果取定初始时刻 $t\in T_{\mathrm{t}}$，存在一个有限时刻 $t\in T_{\mathrm{t}}$，$t_1>t_0$ 对于所有 $t\in[t_0,\ t_1]$，系统的输出 $y(t)$ 能唯一确定状态向量的初值 $x(t_0)$，则称系统在 $[t_0,\ t_1]$ 内是完全能观测的。

能控性指数：

对线性定常系统，定义 $n\times kp$ 矩阵：

$$\boldsymbol{Q}_k=[B\ \vdots\ AB\ \vdots\ \cdots\ \vdots\ A^{k-1}B],\ k=1,\ 2,\ \cdots$$

引理：对矩阵 $\boldsymbol{Q}_k$，若 $A^j b_i(j=0,\ 1,\ \cdots,\ k-1;\ i=1,\ 2,\ \cdots,\ p)$ 与其左边各列相关，则所有的列 $A^{j_1}b_i(j_1>1)$ 均相关于各自左边的列。

能观测性指数：

对线性定常系统，定义 $kq\times n$ 矩阵：

$$\boldsymbol{V}_k=[C\ \vdots\ CA\ \vdots\ \cdots\ \vdots\ CA^{k-1}]^{\mathrm{T}},\ k=0,\ 1,\ \cdots$$

能观测性指数：矩阵 $\boldsymbol{V}_k$ 的秩随着 k 单调增加，直至 $k=v$。在 $k>v$ 时，$\boldsymbol{V}_k$ 的秩不再增加。

即　$v=$ 使“$\mathrm{rank}V_k=n$”的 k 最小正整数

称 v 为线性定常系统的能观测性指数。

系统状态的能控性和能观测性，无论是从定义或判据方面来看，在形式和结构上都极为相似。这种相似关系可以总结成表 4-1：

表 4-1

	能控性	能观测性
意义	输入 $\xRightarrow{\text{控制}}$ 状态	状态 $\xRightarrow{\text{估计}}$ 输出
秩判据	$\mathrm{rank}k[B\ AB\ \cdots\ A^{n-1}B]=n$	$\mathrm{rank}k[C\ CA\ \cdots\ CA^{n-1}]^{\mathrm{T}}=n$
模态判据 1	同一特征值的约当小块对应 B 的分块的最后一行是否相关	同一特征值的约当小块对应 C 的分块的第一列是否相关
模态判据 2	$\mathrm{rank}k[\lambda I-A\ B]=n\ \forall\lambda$	$\mathrm{rank}k[\lambda I-A^{\tau}\ C^{\tau}]=n\ \forall\lambda$

通过观察，可以发现能控性和能观测性之间的对称性，通过对照学习，降低公式定理的记忆难度。通过对称性的学习，鼓励学生在学习生活中勤于观察和思考，运用联想思维，提高学习效率和学习能力。

3. 分析总结

能控性和能观测性反映了一个系统的状态能否被控制或者观测。系统的可控性和可观测性直接影响控制器和观测器的设计。通过对控制系统的能控性、能观测性的学习，引导学生观察并思考能控性与能观测性之间的对称关系，提高学生的观察能力、学习意识。

案例 4 李亚普洛夫稳定性理论的启示

【课程名称】现代控制理论

【教学内容】李亚普洛夫稳定性理论

【案例意义】引导学生心怀"国之大者"，以"无我"之境践行"为民"初心。

教学过程

1. 问题导入

引入同学们熟知的系统——单摆和倒立摆，引导学生根据二者在某一平衡状态下受扰后的运动过程，深入分析二者在稳定性方面的异同，由此引出采用能量观点分析系统稳定性的李亚普诺夫第二法。

2. 讲授正文

一个系统，当遭受外部扰动时，会偏离原来的平衡状态。系统的稳定性，就是在扰动消失后系统仍有能力使自身恢复到原平衡状态的一种"顽性"。1892 年，俄国数学家李亚普诺夫(Lyapunov)提出了判定系统稳定性的方法，其中的李亚普诺夫第二法采用能量观点分析系统的稳定性：若系统被激励后，其存储的能量随着时间推移而衰减，最终达到最小值，则这个平衡状态是渐进稳定的，系统状态最终将趋于原平衡状态；反之，若平衡状态不稳定，则系统将不断地从外界吸收能量，其储存的能量将越来越大，致使系统的状态轨迹在平衡态邻域内发散，系统将无法回到原平衡状态。

根据李亚普洛夫稳定性理论，只有被激励后存储能量随时间推移而衰减的系统，才是稳定的系统。系统存储的能量将通过系统的运动体现出来，因此，当自治系统受扰后，只有外部扰动引起的系统的自由运动随系统存储能量衰减而衰减的系统才是稳定的系统。故而稳定系统在控制输入作用下，其自由运动会逐渐衰减，系统最终的运动状态由控制输入决定，因而能够完成控制任务，实现控制目标。反之，不稳定的控制系统则无法实现控制目标。由此可见，稳定是控制系统的重要性能，是系统能够正常运行的首要条件。

从上述稳定性理论中我们可以得到启发，稳定不仅是系统的重要性能指标，更是国家和民族发展的保障，在中国共产党团结带领全国各族人民进行中国特色社会主义建设的伟大征程中，要实现人民对美好生活的向往这一奋斗目标，必然要求广大党员干部放下"小我"，以

“无我”之大境界成就“为人民谋幸福、为民族谋复兴”之“大我”，就好比一个控制系统，只有在运动过程中自身存储的能量越来越少直至趋近于零时，控制目标才得以实现。当代大学生有责任有义务担负起维护国家这个大系统稳定发展的重担。

3. 分析总结

现代控制理论课程的基本目标是让学生掌握基于状态空间描述的控制系统设计方法，具备为复杂工程问题设计满足性能要求的控制系统的能力。此部分涉及到的稳定性分析、状态反馈、极点配置和观测器设计，昭示了系统设计的前提是要保证系统是稳定的。通过本案例，引导学生深刻意识到稳定才是国家和民族发展的保障，国家的成就建立在经济社会稳定发展基础之上；个人价值的实现，与国家和民族的强大分不开，个人应具备对国家和民族的认同感和使命感，以此激励学生紧跟时代步伐，勇担时代使命。

案例 5 利用反馈思想，实现人生理想

【课程名称】现代控制理论

【教学内容】状态反馈和输出反馈

【案例意义】通过讲解状态反馈和输出反馈的概念，培养学生的反馈意识，教育其利用反馈的思想调整人生的航向，实现人生理想。

教学过程

1. 问题导入

在经典控制理论中，利用系统的输出进行反馈，构成输出负反馈系统，可以得到较满意的系统性能；减小干扰对系统的影响；减小被控对象参数变化对系统性能的影响。因此，输出反馈控制得到了广泛的应用。在现代控制理论中，为了达到希望的控制要求，也采用反馈控制方法来构成反馈系统。这里采用的反馈控制有状态反馈和输出反馈两种。

2. 讲授正文

状态反馈：

线性定常系统方程为

$$\begin{aligned} \dot{x} &= Ax+Bu \\ y &= Cx+Du \end{aligned} \tag{5-1}$$

其中状态 x、输入 u 和输出 y 分别为 n、r、m 维向量。A、B、C、D 为满足矩阵运算的矩阵。

假定有可能设置 n 个传感器，使全部状态变量均可用于反馈。其反馈控制律为

$$u = v+Kx \tag{5-2}$$

其中：$\boldsymbol{K}$ 为 $r \times n$ 型反馈增益矩阵；$\boldsymbol{v}$ 为 r 维输入向量。构成的状态反馈系统如图 4-5 所示。

状态反馈系统方程为：

$$\begin{aligned}\dot{x}&=Ax+B(\boldsymbol{v}+\boldsymbol{K}x)=(A+B\boldsymbol{K})x+Bv\\ y&=(C+D\boldsymbol{K})x+Dv\end{aligned} \tag{5-3}$$

输出反馈：

在工程实践中，输出反馈也是常用的。对方程(5-1)所描述的线性定常系统，采用输出反馈控制律为

$$u=v+Hy \tag{5-4}$$

其中，H 为 $r\times m$ 型常值短阵。输出反馈系统的结构图如图 4-5 所示。

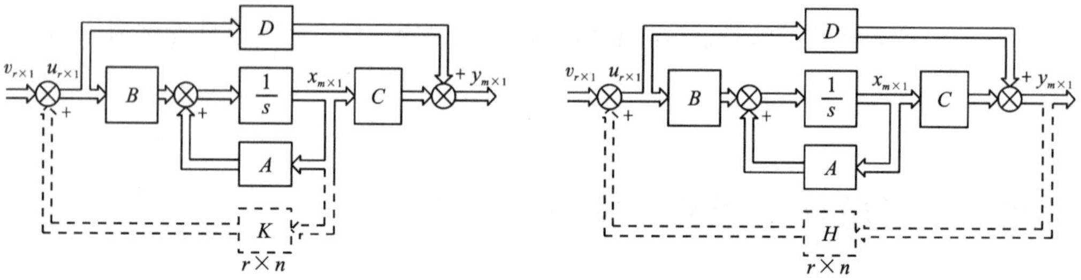

(a) 状态反馈图　　(b) 输出反馈图

图 4-5　输出反馈系统

对状态反馈系统来说，能控性和能观测性同样具有很重要的意义。状态反馈不改变系统的能控性，但可能改变系统的能观测性。

假设线性定常系统方程为

$$\begin{aligned}\dot{x}&=Ax+Bu\\ y&=Cx\end{aligned} \tag{5-5}$$

其中，x、u、y 维数同前。如果引入状态反馈

$$u=\boldsymbol{v}+\boldsymbol{K}x \tag{5-6}$$

其中，$\boldsymbol{v}$、$\boldsymbol{K}$ 意义同前，则状态反馈系统方程为

$$\begin{aligned}\dot{x}&=(A+B\boldsymbol{K})x+Bu\\ y&=Cx\end{aligned} \tag{5-7}$$

那么，对于任何常值反馈阵 K，状态反馈系统能控的充分必要条件是式(5-5)的系统能控。

案例分析：

试分析系统引入状态反馈 $K=(-1,\ 0)$ 后的能控性与能观性。

$$\begin{cases}\dot{x}=\begin{pmatrix}0 & 1\\ 1 & 0\end{pmatrix}x+\begin{pmatrix}0\\ 1\end{pmatrix}u\\ y=(0,\ 1)x\end{cases}$$

解：容易验证原系统是能控且能观的。

因为

$$\operatorname{rank}[b\quad Ab]=\operatorname{rank}\begin{pmatrix}0 & 1\\ 1 & 0\end{pmatrix}=2$$

和
$$\operatorname{rank}(c)=\operatorname{rank}\begin{pmatrix}0 & 1\\ 1 & 0\end{pmatrix}=2$$

加入 $K=(-1,\ 0)$后，得闭环系统状态矩阵：

$$A+bK=\begin{pmatrix}0 & 1\\ 1 & 0\end{pmatrix}+\begin{pmatrix}0\\ 1\end{pmatrix}(-1,\ 0)=\begin{pmatrix}0 & 1\\ 0 & 0\end{pmatrix}$$

相应地有：

$$\operatorname{rank}[b(A+bK)b]=\operatorname{rank}\begin{pmatrix}0 & 1\\ 1 & 0\end{pmatrix}=2 \quad \text{满秩}$$

$$\operatorname{rank}\begin{pmatrix}c\\ c(A+bK)\end{pmatrix}=\operatorname{rank}\begin{pmatrix}0 & 1\\ 0 & 0\end{pmatrix}=1 \quad \text{降秩}$$

可见引入状态反馈 $K=(-1,\ 0)$后，闭环系统保持能控性不变，却破坏了系统的能观测性。

这个例子说明原系统是能观测的，引入状态反馈后，改变了原系统的能观测性。也可能出现相反的情况，即原系统不能观测，引入状态反馈后，状态反馈系统变得能观测了。一般地说，当用状态反馈配置的系统极点与原系统零点相同，即出现零点、极点相消时，状态反馈就改变了系统的能观测性。

3. 分析总结

反馈思想是控制理论的关键。通过讲解状态反馈和输出反馈的概念，培养学生的反馈意识，引导学生在生活中利用反馈思想，针对目标及时调整步调及方向，一步一步实现人生目标。

5

列车牵引与制动

教学内容和思政融合设计

序号	教学内容	思政映射与融入点
1	绪论	刘友梅与电力机车 案例 1：述说 2035 年要实现的交通强国目标，结合株洲电力机车厂刘友梅院士与电力机车的故事，让学生们感受到先进人物的爱国敬业精神。
2	知识点：列车牵引和制动——安全的关键技术	列车牵引和制动是列车安全运行的关键技术 案例 2：牵引和制动的控制系统必须确保列车在任何情况下都能够准确、及时地运行或停车，以防止发生事故或其他紧急情况。
3	知识点：列车制动总论	列车制动保障列车运行的安全 案例 3：基本了解列车牵引有关计算方法、所用主要技术数据的标准及机车车辆制动问题。
4	知识点：机车制动机	机车制动机是重要的组成部分 案例 4：了解我国现有机车车辆主型制动机的结构和作用，全列车制动系统的基本操纵原理。
5	知识点：列车制动计算	学好列车制动计算确保列车安全停车 案例 5：了解列车牵引制动有关基本理论、计算及试验方法以及列车运行阻力、安全制动距离等。
5	知识点：高速与重载列车制动新技术	高速与重载列车制动新技术 案例 6：培养学生研究开发有关机车车辆牵引制动新技术、新产品的基本能力。

案例 1 刘友梅院士与电力机车

【课程名称】列车牵引与制动

【教学内容】刘友梅与电力机车

【案例意义】述说我国交通发展的目标，结合我国工程院院士刘友梅同志的经历展开爱国敬业精神教育。

教学过程

1. 问题导入

2022 年 1 月 18 日，国务院发布《“十四五”现代综合交通运输体系发展规划》。该文件不仅提出了未来 5 年的交通发展目标，也提出了 2035 年的远景目标，即现代化高质量国家综合立体交通网基本建成，“全国 123 出行交通圈”（都市区 1 小时通勤、城市群 2 小时通达、全国主要城市 3 小时覆盖）和“全球 123 快货物流圈”（快货国内 1 天送达、周边国家 2 天送达、全球主要城市 3 天送达）基本形成，基本建成交通强国。轨道交通作为我国运输生产的主动脉，应当先行。引入刘友梅院士的铁路故事，让学生们感受到铁路前辈们的敬业爱国精神。历史由前辈们谱写，未来由后辈们创造。

2. 讲授正文

近年来，随着中国铁路装备技术水平的不断提升，中车株机公司先后获得亚、欧、非、澳四大洲近 20 个国家和地区超过 500 亿元人民币的订单。从走出去，到留下来，再到成为座上宾，在自主创新的征途中，中国工程院院士刘友梅，这位中国高速列车设计研究的拓荒者，始终创新不止，从容前行。

刘友梅，男，上海交通大学毕业，中国工程院院士。先后参加过我国第一、二代电力机车的总体设计，主持并组织了我国第三、四代电力机车及高速列车的开发研制。刘友梅院士以他在铁路电力牵引技术装备领域的突出贡献，先后被授予“全国优秀科技工作者”“全国劳动模范”等荣誉称号，并荣获铁道部首届“詹天佑科技大奖”、国家“光华工程科技奖”。

田心，位于株洲的东北角。最初，这里只是一个规模不大的蒸汽机车修理厂。20 世纪 50 年代初，新中国百业待举。而田心也成为国家“一五”、“二五”期间的重点建设区域，一个工业小镇初步形成。最早一批创业者从五湖四海汇集在这里，这些名校毕业、留学归来的精英，谁也没有想到这片不起眼的田坎，会成长为引领和推动世界轨道交通的重要引擎。

风笛长鸣，列车驶离站台，轰隆声中，被命名为韶山Ⅰ型的中国第一台电力机车于 1958 年正式牵引运行。我国的铁路干线，正式从蒸汽机车时代进入了电力机车牵引的时代。这一年，23 岁的刘友梅从上海交大电力机车专业毕业，与 20 多位同学一起来到了株洲田心机车厂。还是这一年，中苏关系逐渐恶化，苏联专家撤离中国，电力机车的探索之路，陷入了未知。

刘友梅刚到单位时，正值技术革新与技术革命运动在全国蓬勃开展。生产一线的锻炼，使得刘友梅熟悉整体生产流程。一发现问题，他首先想到的是通过技术革新，把自己的思路运用到生产，有效解决技术难题，提高工作效率。就这样，被工友们称作“电力机车活字典”的刘友梅 1968 年担任了韶山 1 型 8 号车的总体设计师。这一年，他主持的第一代电力机车韶山 1 型开始投入批量生产。1978 年，刘友梅主持了第二代电力机车韶山 3 型的研制。

站在新千年的门槛上，世界轨道交通的发展呈现出了全新的形态。无论是满足重载货运，还是客运的高速需求，从直流传动到交流传动的关键技术突破，都摆在了创业者们的面前。

1991 年，中国铁道部正式立项研制 4000 kW 交流传动电力机车，这款机车被定型为“AC4000”。“AC”代表交流电传动，“4000”代表功率为 4000 kW；AC4000 型电力机车由株洲电力机车厂和株洲电力机车研究所共同研制，并被列入第八个五年计划国家重点科技攻关项目之一。

1996 年，在刘友梅的主持下，AC4000 型交流传动原型电力机车成功下线。它的诞生，意味着中国轨道交通从此走进了交流传动的时代。而后，“蓝箭号”“中华之星”等一批交流传动电力机车和电动车组相继刷新中国的高速和载重纪录，产品的国产化率也不断提高。

加速，再加速，看着自己研制的电力机车冲到了世界最前列，刘友梅认为，这条路指向的，是绿色与智能。

案例 2 列车牵引与制动是列车运行的关键技术

【课程名称】列车牵引与制动

【教学内容】列车牵引和制动是列车运行的关键技术

【案例意义】向学生阐述列车牵引与制动的重要性和应用领域，让学生了解这门课程的背景和意义，引发学生学习和掌握相关知识的兴趣和动力。

教学过程

1. 问题导入

列车牵引与制动计算是一门铁路应用科学。它以力学为基础，以科学实验和先进操纵经验为依据，研究作用在列车上的与列车运行方向相平行的外力(包括机车牵引力、列车阻力、列车制动力)，以及这些力和列车运动的关系，进而研究与列车运动有关的一系列实际问题的计算方法，那么你是否知道列车是如何运行的？列车的牵引和制动对于铁路运输的安全、效率和环保有多重要？我国牵引计算用的哪种牵引力？

2. 讲授正文

牵引机车是一台单独的机车，其主要作用是提供列车运行所需的牵引力。而动车组是一种由多个车辆组成的列车，每个车辆都有自己的驾驶室，可以控制整个列车的运行。动车组比牵引机车更灵活，适用于高速铁路等需要频繁停靠的线路。本章节首先介绍列车牵引力的概念、形成及分类，然后介绍轮轨间的摩擦与黏着的概念与空转，接着讲述黏着牵引力(牵引力的限制、黏着牵引力的概念及计算、计算黏着系数及修正)，然后讲电力机车、内燃机车牵引特性，最后讲述机车牵引力的计算标准和取值规定。

牵引力是列车运行的来源，那么牵引力是如何形成的呢？列车的牵引力是由牵引系统提供的，它是列车运行的动力来源。牵引力是通过牵引系统将电能、燃料能等能量形式转化为机械能，在轮轨间产生摩擦力，从而推动列车运行，如图 5-1 所示。具体来说，列车的牵引力是由电力机车或柴油机车的牵引系统提供的。在电力机车中，电机将电能转化为机械能，驱动牵引电机输出扭矩，使牵引轮旋转，从而产生牵引力。而在柴油机车中，柴油机驱动发电机或牵引发动机，将燃料能转化为电能或机械能，再通过传动系统转换为机械能，从而产生牵引力。此外，列车的牵引力还与轮轨间的摩擦力密切相关。在轮轨间，由于轮轨间存在间隙和不平整，轮子和轨道之间的摩擦力会受到多种因素的影响，如踏面形状、轮轨间角度、轨道状态等，从而影响列车的牵引力大小和稳定性。

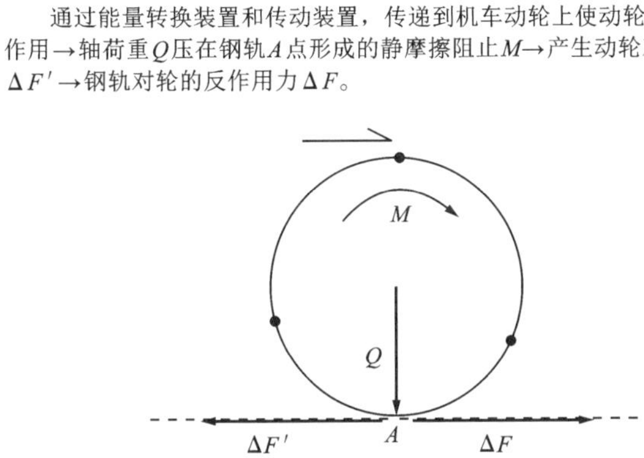

图 5-1　牵引力的形成

综上所述，列车的牵引力是由牵引系统提供的，牵引系统是将其他能量形式转化为机械能，在轮轨间产生摩擦力，从而推动列车运行的动力之源。

如图 5-2 及图 5-3 机车驾驶操纵台，通过操纵机车牵引/制动手柄控制列车的牵引/制动运行。

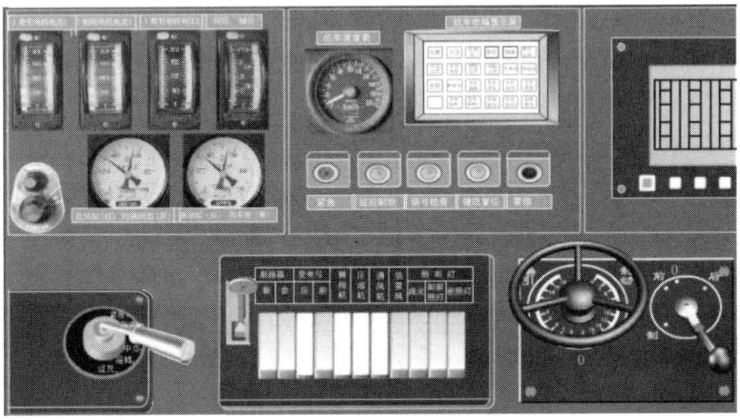

图 5-2　电力机车控制台

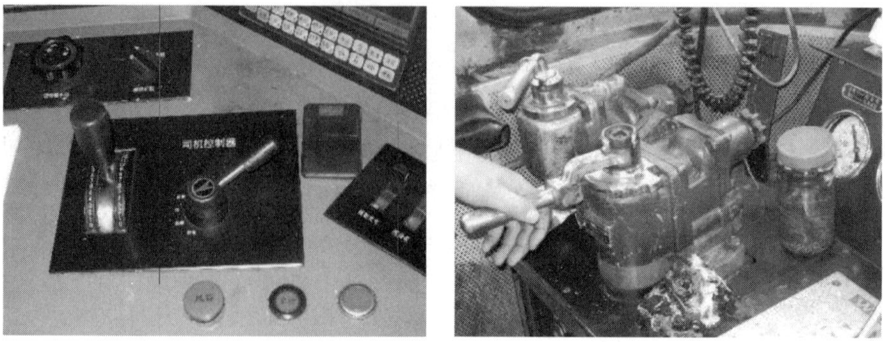

牵引手柄　　　　　　　　　　　　制动控制器

图 5-3　牵引手柄、制动控制器

为什么要制定列车牵引计算规程呢？制定牵引计算规程是为了保证列车安全、高效、稳定地运行。具体来说，制定牵引计算规程的目的如下：

确定牵引力的大小和分配方式。牵引力的大小和分配方式直接影响列车的牵引性能和安全性。通过制定牵引计算规程，可以根据列车的车型、质量、线路条件等因素，确定合理的牵引力大小和分配方式，以保证列车在任何运行条件下都具有稳定的牵引性能，避免出现失控、溜车等安全事故。

确定牵引系统的选型和参数。牵引系统的选型和参数直接影响列车的牵引力、效率和能耗。通过制定牵引计算规程，可以根据列车的运行需求和经济性要求，确定合适的牵引系统选型和参数，以提高列车的牵引效率和经济性，减少能源消耗和环境污染。

确定列车的运行速度和制动距离。列车的运行速度和制动距离是影响列车安全和效率的重要因素。通过制定牵引计算规程，可以根据列车的运行条件、线路限速等因素，确定合理的运行速度和制动距离，以保证列车的安全和高效运行。

为列车牵引系统的设计、改进和维护提供依据。制定牵引计算规程可以为列车牵引系统的设计、改进和维护提供依据，促进列车牵引技术的发展和进步。

综上所述，制定牵引计算规程是为了保证列车安全、高效、稳定地运行，为列车的设计、改进和维护提供依据，促进列车牵引技术的发展和进步。

我国《列车牵引计算规程》规定，机车牵引力以轮周牵引力为计算标准，即以轮周牵引力来衡量和表示机车牵引力的大小。由于动轮直径的变化会影响牵引力的大小，规定机车牵引力按轮箍半磨耗状态计算。

3. 分析总结

通过学习本章节的内容，使同学们了解列车牵引力的概念、特点和影响因素，并掌握列车牵引系统的基本原理和组成部分，熟悉列车牵引力的计算方法和牵引系统的选型原则，理解列车牵引力和制动力的关系，以及其对列车运行安全和效率的影响。可以让同学们懂得如何通过牵引力的控制和调节，保证列车在不同条件下的安全、稳定和高效运行，从而具备一定的科学实验能力，能够进行列车牵引力的实验设计和数据处理，培养了同学们的创新意识和实践能力，能够为列车牵引技术的发展和改进做出贡献。

案例3 列车制动总论

【课程名称】列车牵引与制动

【教学内容】列车制动总论

【案例意义】向学生阐述列车制动的重要意义，以及常见的制动方式，基础制动及制动机种类，让同学们对列车制动的过程有进一步理解，对于列车的运行过程有更加深入的了解，并对列车制动力是如何形成的有了更深刻的认识，明白了列车制动的重要性。

教学过程

1. 问题导入

现代交通运输在运送旅客方面必须提高和改善快速、舒适、安全、准确、方便、经济等指标。我们知道“时间就是生命，时间就是效益”。因此，提高列车运行速度和牵引重量是提高铁路运输能力、实现铁路运输现代化的重要内容，但是，安全是第一位。列车制动技术是铁路运输“重载、高速”这一发展战略目标实现的关键性前提条件之一，是铁路运输安全的重要保证。如果没有性能良好的机车车辆制动装置，要提高列车速度和牵引重量以及保证列车运输安全都是不可能的。那么你是否想了解更多关于列车牵引与制动的知识和技能，以便更好地了解铁路运输行业和未来的职业发展方向？

2. 讲授正文

首先讲述制动基本概念及意义，然后具体讲闸瓦制动与黏着，以及黏着系数的影响因素和计算公式，接下来让同学们认识一下黏着限制、制动率和闸瓦摩擦系数。因为前面讲述了列车常用的制动方式，接下来带着同学们了解一下其他制动方式，例如电阻制动、再生制动、盘型制动以及磁轨制动等。最后讲解空气制动机、电空制动机的作用及工作原理。

制动力控制模式是制动系统设计、产生所需要的制动力的依据，是列车制动技术中的关键技术之一。目前，地铁列车或高速动车组的制动系统中广泛采用理论制动力控制和速度黏着控制方法，这两种制动控制方法忽略了列车制动过程中闸瓦（片）摩擦系数、坡道坡度等参数，它们是随时间、速度或距离而改变的，是不确定的量。这些不确定参数会使实际减速度与目标减速度之间存在差异，可见这两种制动控制方法不能实现对列车实际制动力和实际减速度的精确控制，即在减速度层面上是开环的。为使列车制动性能得到进一步优化，使列车在制动过程中能适应上述不确定参数的影响，研究人员提出了一种新型制动力控制模式——制动减速度反馈控制。直接利用制动减速度作为反馈值，根据减速度实际值与制动减速度目标值的差别来调整制动力的大小。制动系统中的制动减速度反馈控制虽然对控制技术要求很高，但仍是一种值得探索的控制方法。

闸瓦制动，如图5-4，图5-5所示，是列车制动力的重要装备，主要有以下几个原因：

制动力大小：闸瓦制动是列车制动力的主要来源之一，通过制动装置将机械能转化为热能散发出去，从而产生制动力。制动力的大小直接影响列车的制动性能和安全性。因此，闸

图 5-4 闸瓦制动

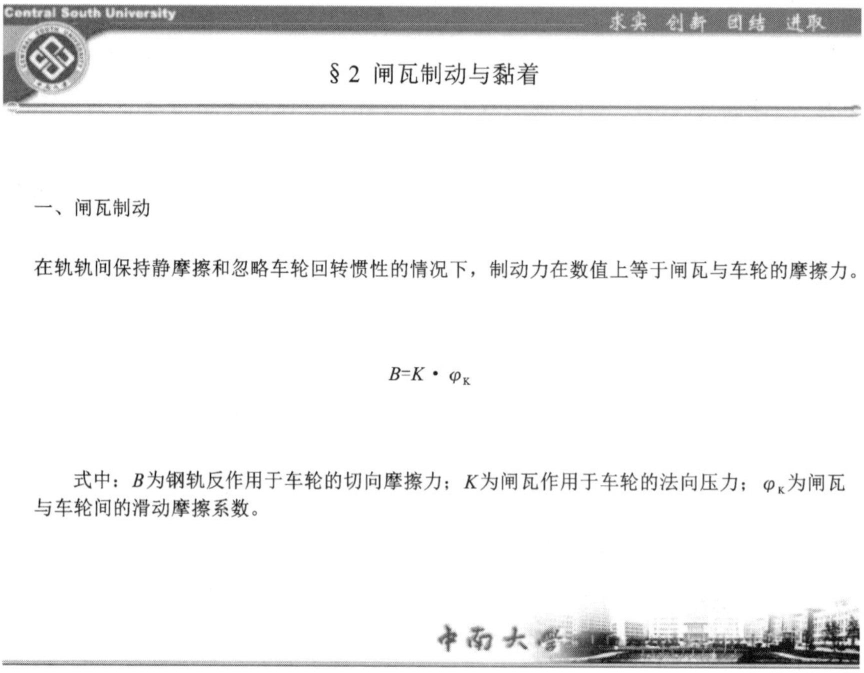

图 5-5 闸瓦制动与黏着

瓦制动的性能和调整对列车制动力的大小和稳定性具有重要作用。

制动力分配：列车的制动力分配是保证列车制动安全的重要环节。闸瓦制动通过制动装置和制动阻力器等控制装置，按一定的比例分配制动力，使列车在制动过程中保持平衡和稳定。因此，闸瓦制动对制动力的分配和控制具有重要作用。

制动力可靠性：闸瓦制动装置的可靠性和性能对列车的安全性和稳定性有着重要的影响。闸瓦制动装置的制动片材料、制动盘、制动机构等部件的选型和制造工艺，直接影响制动力的大小和稳定性。闸瓦制动的调整和维护对保证制动力的可靠性和稳定性具有重要作用。

制动距离：闸瓦制动是列车制动时消耗能量最多的制动方式之一，因此也是影响列车制动距离的重要因素之一。闸瓦制动的性能和调整直接影响列车的制动距离和制动效率，因此也是列车制动设计和优化的重要内容之一。

综上所述，闸瓦制动作为列车制动力的重要内容，具有影响制动力大小、制动力分配、制动力可靠性和制动距离等方面的重要作用，是保证列车制动安全和稳定的重要手段之一。

接下来带着同学们具体了解制动机工作原理。空气制动机的特点是用压力空气（它与大气的压差，即压力空气的相对压强）作为原动力，以改变空气压强来操纵控制。它的制动力大、操纵控制灵敏便利，是目前各国广泛采用的制动方式。我国机车车辆全部装有空气制动机。铁路上习惯于把压力空气简称为“风”，把空气制动机简称为“风闸”。依此类推，风缸、风泵、风管、风压、风表等名称均由此而来。空气制动机分为：直通式制动机、自动式制动机、直通自动式制动机。由于直通制动机基本上已被淘汰，而自动、直通自动制动机的主要不同之处在于它们所用的三通阀或分配阀的构造和作用。所以，目前习惯于以阀（三通阀或分配阀）的构造作用原理来分类制动机。例如，可分为具有二压力机构阀、三压力机构阀和二、三压力混合机构阀的制动机；或软性、硬性、半硬性制动机。

同学们可以根据老师所讲解的直通自动制动机工作原理（如图 5-6 所示），看着课本上的图自己跟同桌复述一下该工作原理，了解直通自动制动机设置的精巧设计，并思考是否可以进一步改进，使得制动过程更加迅速，更加准确。

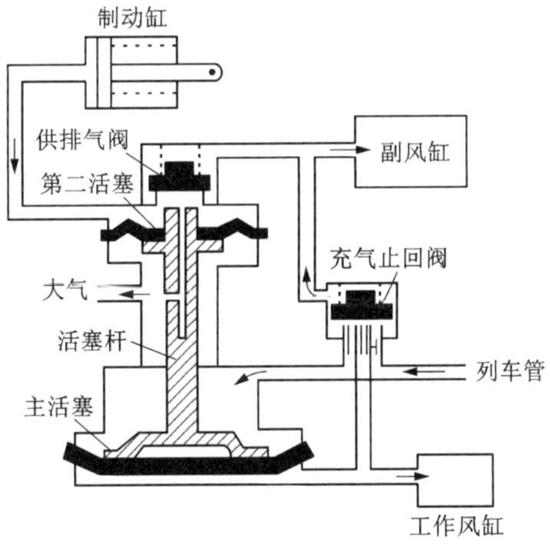

图 5-6 直通自动制动机

3. 分析总结

通过学习列车制动力，提升学生的安全意识。在学习列车牵引与制动的过程中，我们了解到了列车行驶中的各种安全隐患，例如制动失灵、车轮脱落等，从而引发了我们对安全的重视和警觉。在生活中，我们也应该时刻保持安全意识，注意自我保护，避免发生危险和意外。在列车制动失灵等紧急情况下，司机需要迅速做出正确的判断和决策，采取相应的措施，避免发生更严重的后果。在生活中，我们也需要具备勇气和决断力，能够在面对困难和挑战时果断行动，不畏艰险，迎难而上。

案例 4 机车制动机

【课程名称】列车牵引与制动

【教学内容】机车制动机

【案例意义】讲述机车制动机的相关知识，可以培养学生的实践能力和科学素养。通过学习，学生可以深入了解列车制动力的特点和影响因素，掌握科学实验的基本方法和技能，提高科学研究和创新能力。

教学过程

1. 问题导入

在实际的列车运行中，机车制动机起到了至关重要的作用，你是否了解机车制动机在列车运行中的实际应用和作用？同学们在前几章节学习了列车牵引与制动，并且在前一章学习了列车制动力的产生过程以及简单地了解了典型制动机的工作原理。接下来我们就要一起学习一下机车制动机，机车制动机的制动原理是什么？与其他制动方式相比，有何优劣之处？机车制动机的故障诊断和维护有哪些常见方法和技巧？如何保证机车制动系统的可靠性和安全性？机车制动机的设计和应用在国内和国际上的发展和前景如何？对于推动列车制动技术的创新和进步有何意义？下面我们带着这些问题一起来探索机车制动机的奥秘。

2. 讲授正文

本案例主要讲述了当今铁路上应用最为广泛的自动空气制动机，主要内容有自动空气制动机的基本性能、机构形式和控制方法，提高制动机性能的主要手段，列车管内的空气波、空气波速等。

对铁路列车空气制动机来说，机车和车辆的制动机是一个有机的整体。全列车的制动和缓解都要由机车制动阀集中操纵，如果说，机车是指挥部，那么，车辆制动机就好比主力军。如果对各种形式的车辆制动机的性能特点不了解，机车制动操纵就带有很大的盲目性。所以，在了解自动空气制动机的共性之后，要进一步了解目前各种类型的车辆制动机的特性，我国各型客货车辆制动机的特点、结构组成及工作原理，重点关注 104 型、120 型和 F-8 型制动机。

最后讲解我国铁路电力机车的主型制动机 DK-1 制动机以及我国铁路内燃机车的主型制动机 JZ-7 制动机特点及组成。

首先向同学们介绍一下自动空气制动机。在学习这门课程之前，先问一下大家，有没有玩过控制小火车的游戏，不是那种简单的小火车模拟游戏，而是需要模拟真实火车行驶流程的游戏。在这种游戏中，我们需要掌握列车的制动和加速技巧，才能够保证列车的安全运行。那么，这些技巧是怎么实现的呢？就是通过自动空气制动机来控制列车的制动和加速的。那么，自动空气制动机是什么呢？简单来说，它就是列车制动系统中的核心部件之一，通过控制空气的流动，来实现列车的制动和加速。我们可以把它想象成是一种类似于机械大脑的东西，可以自动感知列车的状态，根据列车的运行情况，自动进行制动和加速控制。那么，自动空气制动机到底是怎样实现列车的制动和加速的呢？在课程中，我们将会学习到它的工作原理、构造和调试方法，通过理论和实验相结合的方式，来深入了解自动空气制动机的特点和性能，如图 5-7 所示。通过学习，同学们定会对列车的制动和加速技巧有更深入的认识和理解，从而掌握更加丰富和实用的技能。

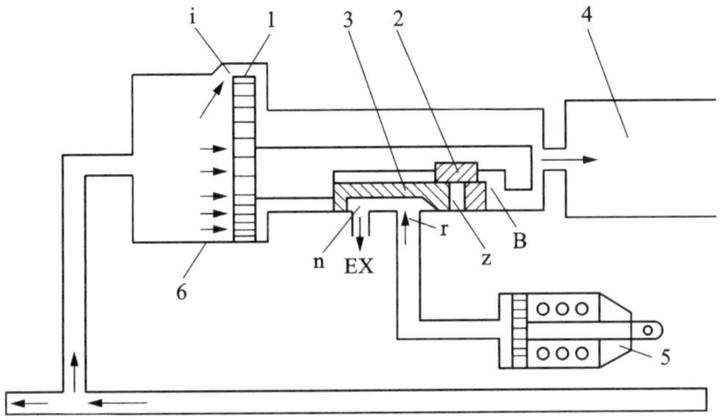

1—主活塞及主活塞杆；2—节制阀；3—滑阀；4—副风缸；5—制动缸；6—三通阀（分配阀或控制阀）；i—充气沟；B—间隙；z—滑阀制动孔；r—滑阀座制动缸孔；n—滑阀缓解联络槽；EX—排气口。

图 5-7 自动空气制动机

通过学习空气制动机可以使学生们得到以下收获：空气制动机是列车制动系统中的核心部件，能够通过控制空气的流动，从而实现列车的制动和加速。空气制动机的工作原理和结构比较复杂，需要掌握一定的理论知识和实践操作技能，才能正确使用和调试。空气制动机的优点是安全可靠、制动力度可调、操作简便等，与其他制动方式相比，具有明显的优势。在实际操作中，需要根据列车的运行情况和要求，合理使用空气制动机，以保证列车的运行安全和效率。通过学习空气制动机，可以拓展学生的知识面和视野，提高学生的综合能力和解决问题的能力，为未来的工作和生活打下坚实的基础。

如图 5-8 所示，DK-1 型电空制动机是我国铁路电力机车的主型制动机，是我国铁路机车首先采用。1974 年开始由我国自行研制，1982 年 5 月通过技术鉴定。1984 年从韶山 1 型 405 电力机车起，所有新造电力机车全部安装。

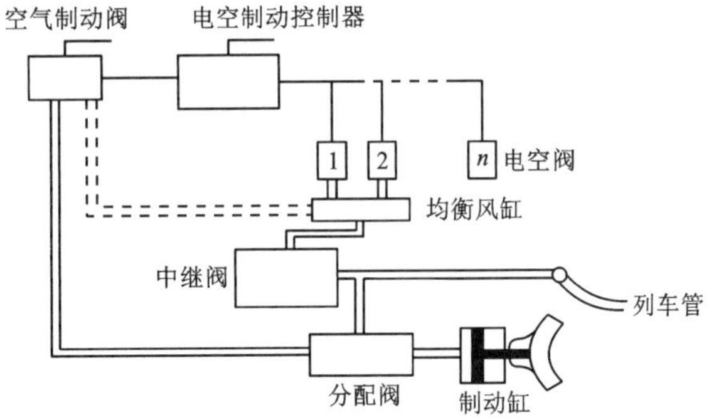

图 5-8 DK-1 型电空制动机控制原理

DK-1 型电空制动机的综合作用，就是通过操作电空制动控制器和空气制动阀使制动系统各部件按照其间的相互控制关系和内在联系所产生的作用。学好 DK-1 型电空制动机的综合作用的前提是熟知制动系统各部件的构造和作用原理，以及电空制动控制器和空气制动阀在不同位置时与各部件的联系。

3. 分析总结

学习机车制动机，我们会深刻认识到安全的重要性。在现实生活中，无论是工作还是生活，我们都应该把安全放在第一位，时刻警惕潜在的风险和危险，保障自己和他人的安全。学习机车制动机需要掌握丰富的理论知识和实践技能，还需要持续不断地学习和实践。

案例 5 列车制动计算

【课程名称】列车牵引与制动

【教学内容】列车制动计算

【案例意义】在学习列车制动计算的过程中，学生需要通过探究和推导，理解和应用相关的公式和方程式，不断优化和改进列车制动系统。这将有助于培养学生的创新思维和解决问题的能力，提高学生的综合素质和专业技能。列车制动计算是列车制动系统的重要组成部分，通过学习它，学生可以更深入地了解和认识列车制动系统的工作原理、结构和性能，掌握列车制动系统的使用方法和技巧，为未来的工作和生活打下坚实的基础。

教学过程

1. 问题导入

在课程开头，可以简要介绍列车制动计算的背景和重要性，让学生了解列车制动计算的实际应用和意义，激发学生的学习兴趣。由于列车在行驶过程中需要进行制动，而对于不同的列车和不同的行车条件，制动的力度、时间和距离等参数都需要进行计算，以保证列车的安全和正常运行。在传统的机械制动时代，列车制动控制主要依靠司机的经验和判断，制动效果不稳定，容易导致事故的发生。而现代列车制动系统的出现，使列车制动计算变得更加精准和可靠，从而提高了列车的安全性、运行效率，列车制动计算可以通过对列车制动参数的精确计算和控制，提高列车制动的精度和稳定性，避免制动过程中产生冲击和震动，保证列车的平稳运行。列车制动计算需要考虑哪些参数？这些参数又是如何影响列车的制动效果和安全性的？如何根据列车的运行速度、质量、摩擦系数等参数计算出合适的制动距离？如何通过调整制动参数来提高列车制动效率和稳定性，满足列车运营的需求？下面我们带着这些问题一起来看看列车制动是如何计算的。

2. 讲授正文

本案例主要内容包括列车运行阻力和制动力的计算、制动距离计算以及列车所需最小制动率计算。通过前面的学习，同学们已经对列车的牵引和制动有了一定的理解，接下来学习列车制动计算就可以很容易接受了。首先我们要知道列车阻力的产生及影响因素、基本阻力、附加阻力等计算方法。通过实例对列车制动计算进行深入分析，例如根据一个具体的列车运行情况，计算出合适的制动距离和制动力，并解释这些计算结果对列车运行安全和效率的影响。可以选择一些实际案例，让学生通过分析和计算实例，加深对列车制动计算的理解。为了帮助学生掌握列车制动计算的方法和技巧，可以设计一些计算练习，让学生通过计算来巩固所学知识。可以逐步增加难度，让学生逐渐掌握不同情况下的列车制动计算方法。

举例说明

有一列车长 1500 m，在坡度为 6‰的下坡运行，坡内有一半径为 500 m，曲线长 600 m，求其单位附加阻力和坡度。

解：因为

$$i_j = i + \frac{600}{R} \cdot \frac{Lr}{Lc} + 0.00013 \cdot Ls$$

其中 $i=-6$；

$$w_r = \frac{600}{R} \cdot \frac{Lr}{Lc} = \frac{600}{500} \cdot \frac{600}{1500} = 0.48(\text{N/kN})$$

$$w_s = 0.00013 \cdot Ls = 0.00013 \cdot 0 = 0$$

所以 $w_j = i_j = i + w_r + w_s = -6 + 0.48 + 0 = -5.52(\text{N/kN})$

答：附加阻力为-5.52 N/kN，坡度为 5.52‰的下坡。

制动距离就是从司机将制动阀手柄置于制动位的瞬间至列车停车的瞬间为止列车所运行的距离。它是综合反映制动装置性能和实际制动效果的主要技术指标。由于各车辆制动动作不一致；每辆车压力不是瞬间达到最大，闸瓦压力随制动过程变化。

有效制动距离的计算：

计算公式：

$$S_e = \frac{4.17 \cdot (v_0^2 - v_z^2)}{1000 \cdot \varphi_s \cdot \vartheta_h + \omega_s + i_j} \quad (\text{m})$$

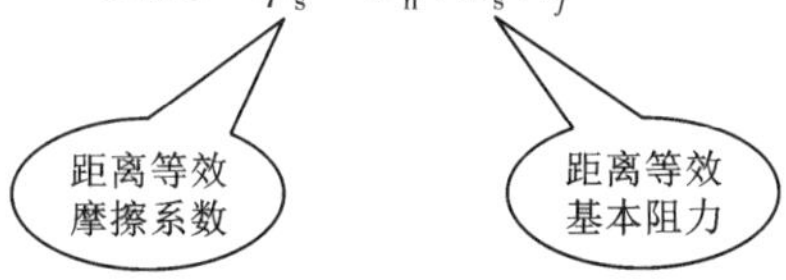

空重车混编的距离等效单位基本阻力可查表查得的数值乘以空重车系数。

$$\alpha = \frac{G_{重} + 2 \cdot G_{空}}{G_{重} + G_{空}}$$

假设条件：(1)从 0～t 后，全列车压力从 0 瞬间达到最大。(2)在一定范围内，不计列车阻力，列车作等速运行。在实际情况下，无制动力的纯空走阶段：全列车闸瓦压力由零上升到预定值的递增阶段，第一辆车制动缸压强开始上升开始至最后一辆车的制动缸压力上升到预定值为止。全列车的闸瓦压力保持稳定不变的阶段：最后一辆车的制动缸压力上升到预定值开始至列车停下为止。可以让同学们找到课本上的计算实例进行计算，可以让两位同学到讲台上给大家演算一下，然后根据这两位同学的计算过程，提示大家在计算过程中需要注意的地方。如果课程时间不够，也可以让同学们课下完成，并小组讨论，下节课上课前，做一个总结，评述同学们计算过程是否有问题，若有问题，大家问题出现在哪。这样可以让大家在避免出错的同时，又加深一下对该计算过程的印象。

【例 1】 设某货物列车由 55 辆重车编组而成，换算制动率为 0.30，在加算坡度为 10‰的下坡道以 60 km/h 速度下坡运行时施行紧急制动。试按分段累计法和等效法分别计算其起紧急和不起紧急时的制动距离。

解：

①求空走时间、空走距离；

②按等效法求有效制动距离；

③求制动距离。

3. 分析总结

在学习列车制动计算的过程中，学生将了解列车制动系统的安全性问题，包括制动距离、制动力、制动时间等等。学生可以思考如何通过优化列车制动系统来提高列车的安全性，减少事故和伤亡的发生。学习列车制动计算还需要考虑列车制动系统的效率和耗能问题，学生可以思考如何在尽可能保证安全的前提下，通过调整制动参数来提高列车制动系统的效率，降低能源的消耗。

案例 6 高速与重载列车制动新技术

【课程名称】列车牵引与制动

【教学内容】高速与重载列车制动

【案例意义】讲述高速与重载列车制动新技术，可以让学生了解到行业中存在的问题和挑战，激发他们的创新意识和解决问题的能力。同时，了解新技术的应用和优点，也可以启发学生对未来行业发展方向的思考和探索。

教学过程

1. 问题导入

为什么随着高速铁路和重载铁路的不断发展，列车制动技术变得越来越重要？重载列车实际上是扩编列车，它的速度并不高，但编组车辆数很多，列车很长，有的还是两个列车合在一起的组合列车。对于空气制动机，在施行制动或缓解时所产生的空气波(列车管减压波或增压波)有一个沿列车管由前向后扩散或传播的过程；列车越长，其前后部开始制动或缓解的时间差就越大。这种“沿列车长度的制动或缓解作用的不同时性”是列车制动或缓解时发生强烈纵向冲动的主要原因。对于重载(扩编)列车，这个问题尤其突出。如何保证高速列车和重载列车的制动距离和制动力的稳定性？

2. 讲授正文

讲解高速列车和重载列车制动情况之后，引发学生们开始思考什么样的制动方式可以有效地进行制动，从而避免发生事故。接下来引出要讲解的内容——电控空气制动系统(ECP)，介绍 ECP 的工作原理以及 ECP 在目前轨道交通市场的应用情况，使得同学们对 ECP 的情况有更深刻的了解。

近几年来，北美和南非重载铁路的 20000 t~40000 t 列车开始采用微机控制的直通电控空气制动系统(简称 ECP)。该系统克服了自动空气制动(包括自动电空制动)系统的不足，取得了巨大的成功。

ECP 是用微机系统直接控制副风缸向制动缸充风制动及制动缸缓解，空气是制动力产生的来源，但空气不作为制动指令传递的介质，如图 5-9 所示。

ECP 与传统空气制动系统主要区别：本务机车发出制动信息，给车辆控制单元(CCD)，将副风缸空气直通制动缸或制动缸直接排空气，实现制动、缓解，空气只作制动动力，不作传布命令介质，列车管持续充风给副风缸，列车管制动不排风，同步实现制动与缓解，列车分离或软管断开，能作出正确响应，故障导向安全。

ECP 在南非重载铁路应用：4 台 11E 电力机车(或 6 台 7E1 电力机车)+200 辆煤敞车(轴重有 28 t、22 t 两种)，总重 20800 t~22900 t。ECP 在美国 CSX 南方铁路煤运专线应用：2 台 GEAC4400 内燃机车+95 辆煤车(轴重 31 t)，总重 12000 t。ECP 在澳大利亚 BHP 铁矿专用线应用(无线)：3 台 GEDash8 内燃机车+120 辆煤车(轴重 31 t)，总重 15000 t。

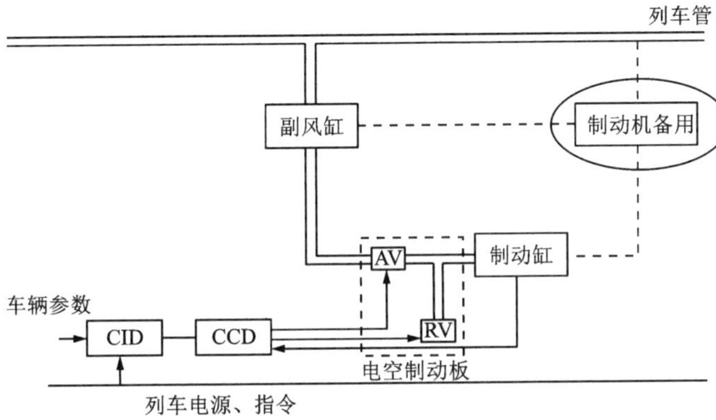

图 5-9 ECP 原理图

ECP 的实用优点和效益：保证重载(扩编)列车运行安全，平均车钩力降低 25%，断钩大大减少，消除制动工况下脱轨危险。直通制动、充风快、下坡安全制动距离缩短 50%~70%。平交道口的事故率大大下降，消除了意外紧急制动现象。车辆平均周转时间缩短，能力增加，列车平均速度增加(制动距离缩短、阶段缓解、连续充风)，列车长度、重量增加(加拿大已从 150 辆增加到 180 辆)，编组场发车的制动试验时间加快，平均周转时间至少缩短 9%。

列车制动系统是保障列车运行安全的关键系统之一，其工作原理非常重要。首先向同学们讲解列车制动系统的工作原理。

首先，同学们需要了解列车制动系统的组成部分。在前面的课程中，已经向同学们讲解过了制动力的产生过程以及典型制动机的工作原理，可以带着同学们一起回顾一下之前学过的课程，或者邀请几位同学来讲述一下自己在前几章学到的知识点，从而引入之后的课程——制动系统原理。

如图 5-10，图 5-11 及图 5-12 所示，当列车行驶时，驾驶员通过制动控制器发出制动信号，制动系统接收信号后，制动器开始工作。对于空气制动器，制动信号通过管道传递到制动缸，使制动靴或制动盘与车轮接触，产生制动力，从而使列车减速。对于再生制动，在电动机的作用下，电机作为发电机实现机械能转换为电能回馈电网，产生制动作用，从而使列车减速。

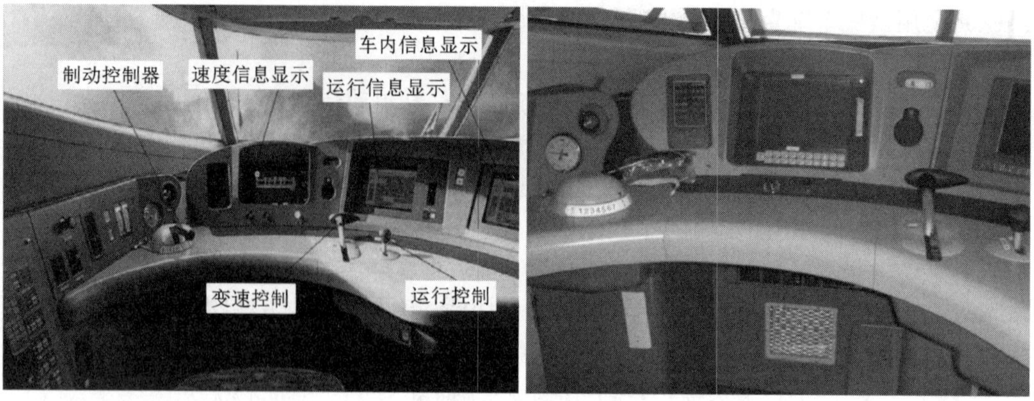

图 5-10　列车制动控制器及其他控制装置

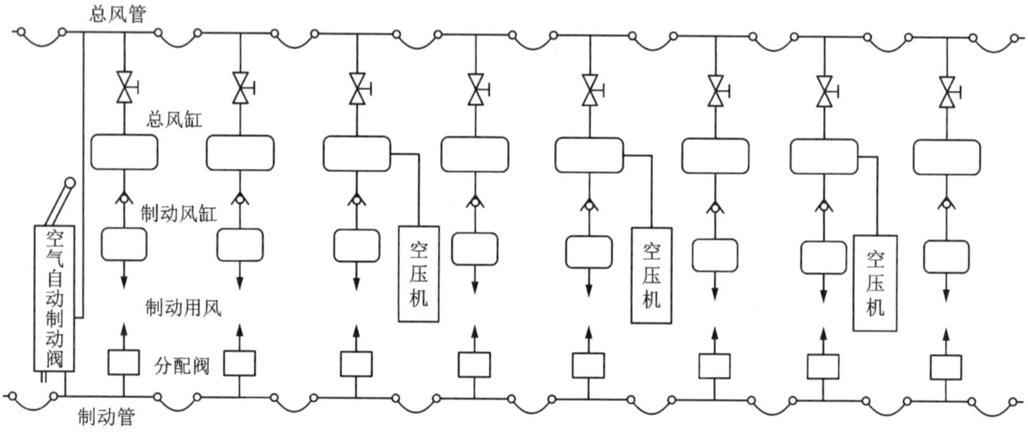

图 5-11　列车全车制动系统框图

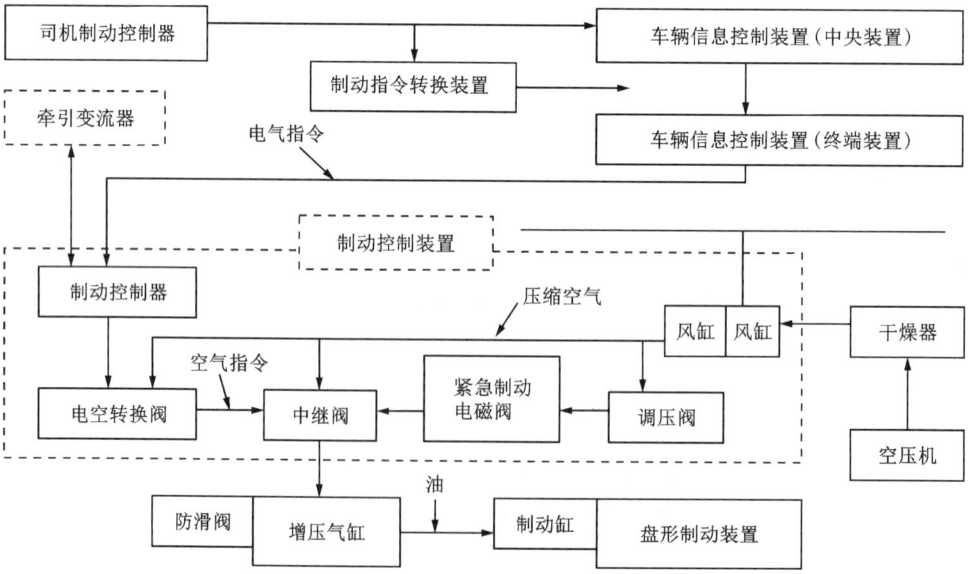

图 5-12　制动指令信号传输示意图

最后，我们需要了解一下列车制动系统的分类。列车制动系统根据工作原理不同，可以分为电气制动系统、空气制动系统、液压制动系统等。高速列车和重载列车等特殊车辆，还需要采用先进的制动系统，例如可调节制动系统、再生制动系统等，以提高列车制动性能和安全性。

总之，列车制动系统是保障列车运行安全的重要系统，了解列车制动系统的工作原理和分类，有助于我们更好地掌握相关知识，提升列车制动安全性。

3. 分析总结

成熟的高速与重载列车制动技术是列车运行安全的重要保障，对于相关专业的学生来说，了解和掌握这些技术是必须的。讲述这些新技术，可以让学生了解最新的行业进展和技术趋势，提高他们的专业素养和竞争力。

列车制动技术涉及到多个学科领域，如机械、电子、自动化等，讲述高速与重载列车制动新技术，可以拓展学生的知识面，让他们了解到不同学科之间的联系和交叉点，提高他们的跨学科综合能力。

讲述高速与重载列车制动新技术，可以让学生了解到行业中存在的问题和挑战，激发他们的创新意识和解决问题的能力。同时，了解新技术的应用和优点，也可以启发学生对未来行业发展方向的思考和探索。

6

车站信号自动控制

教学内容和思政融合设计

序号	教学内容	思政映射与融入点
1	知识点：车站信号控制系统	系统分析论、反馈控制论下的列车信号传输系统 案例1：随着电力拖动技术在高铁、电动汽车、船舶等领域的应用和发展，以高密度的感应电机、永磁电机及其控制技术为基础的电传动系统，得到了广泛应用。
2	知识点：继电联锁控制系统	抓住“关键少数”的继电联锁控制系统 案例2：现在我们正处于信息时代，信息的冗杂性、多样性、隐蔽性增加了我们获取有效消息的难度，如何把握风向标，确定前进方向，继电联锁控制系统是车站信号控制系统中非常重要的一个部分，通过把握作为“关键少数”的继电联锁控制系统，培养学生抓住主要矛盾的能力。
3	知识点：选择组电路	了解铁路先驱贡献，激扬爱国主义精神 案例3：以中国轨道交通发展史上著名铁路勘测设计专家肖瑾为例，以中国铁路电气化为线索，引导学生积极学习前辈艰苦奋斗事迹、激发学生的爱国主义，学习前辈的工匠精神和奉献精神。

案例1　系统分析论、反馈控制论下的车站信号传输系统

【课程名称】车站信号自动控制

【教学内容】信号传输系统概述

【案例意义】引导学生从三个不同角度去认识车站信号传输系统，并且从特殊化、具体化的控制系统延伸到生活中的一般现状，培养同学从事物表面看内在本质的能力，建立起以相互应答为基础，以目标优化为目的全局系统思维。

教学过程

1. 问题导入

交通强国，铁路先行，砥砺奋进，民族复兴！历经几代铁路人艰苦的奋斗，如图 6-1 所示，中国从“追赶者”变成“领跑者”。通过引入当前轨道交通信号传输领域的工程实践案例——京津城际铁路的信号传输系统、CTCS-3 现代铁路信号系统的控制原理分析，让理论在实践中得到检验，让学生通过解决工程实践存在的问题加强对系统分析论、反馈控制论的理解与应用，引导同学思考解决实际工程问题的思维导图和解答步骤。

图 6-1　中国高速及重载列车

2. 讲授正文

系统分析论的主要任务就是以系统为对象，从整体出发来研究系统整体和系统各要素的相互关系，从本质上说明其结构、功能、行为和动态，以把握系统整体，达到最优的目标。奥地利理论生物学家贝塔朗菲在《一般系统理论基础、发展和应用》中指出，生活可以化为一个个的系统，要以“系统优化”的角度解决生活中的问题，这个角度与“共产主义中的集体”有不谋而同的观点。

如图 6-2 所示，以 CTCS-3 系统的结构、设备、功能为引，指出现代铁路信号系统的基本特征，即一个集计划(管理)、控制、监测、维护为一体的综合化、集成化的复杂系统、安全-关键系统。而车站信号系统作为现代铁路信号系统中极重要的组成部分，承担着领导者(号令者)的职责和功能，如图 6-3 所示。

根据具体功能，车站信号系统被划分为三个重要且有机结合的部分，分别是调度指挥系统、地面信号系统、车载信号系统。按照系统论的观点，这三个系统分别承担着“领导者(号令者)”“执行者”“反馈者”的职责。调度指挥系统(号令者)向地面信号系统发布作业计划，地面信号系统作为执行者和反馈者，根据接收到的系统信号控制地面线路及设备进行操作，并将执行情况反馈给调度指挥系统，然后作为号令者同时向车载信号系统发布指令来控制列车，车载信号系统既接收地面信号系统传输的指令，又直接受到调度指挥中心的宏观控制。调度指挥系统作为号令者，根据实际反馈情况修改初始计划，调整不同参数，如车、电力等，最后达到理想状态和实际情况结合下的控制区间最优。

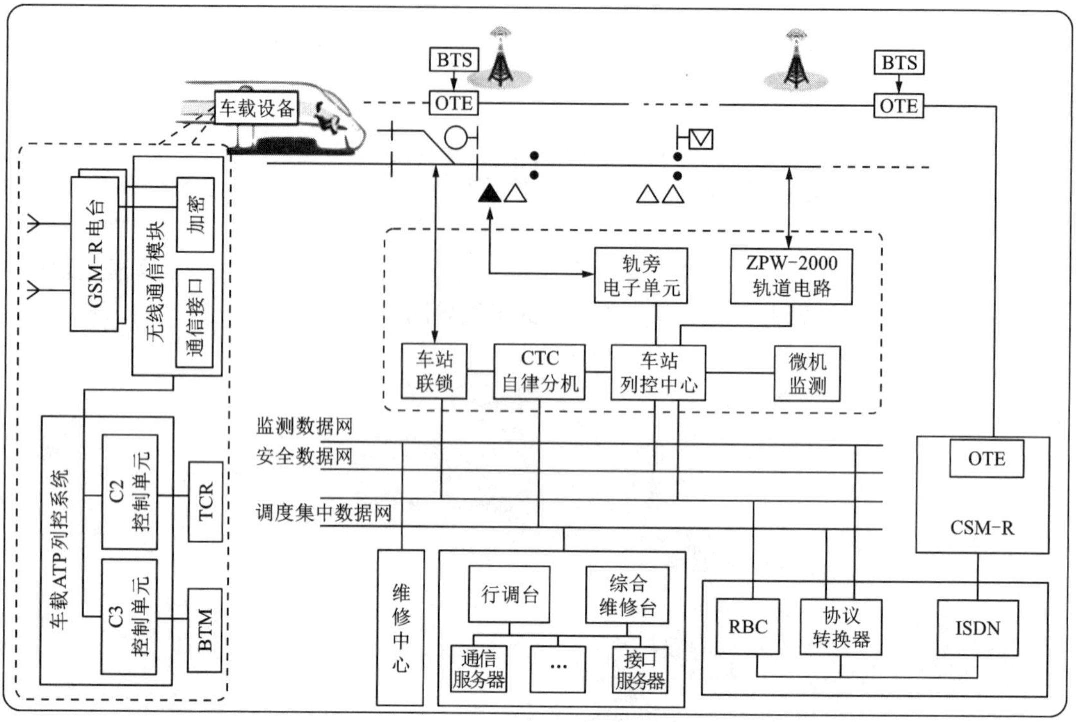

图 6-2 列控系统

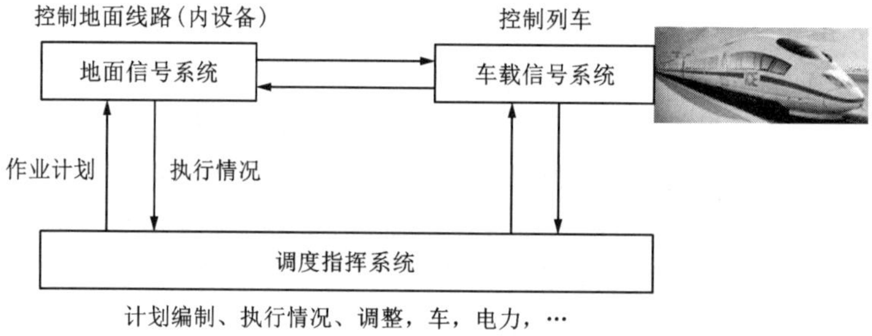

图 6-3 车站信号系统

系统分析论看似简单易懂，却包含着伟大的唯物辩证法思想，从理论到实践，从试错到寻找最优，它为唯物主义辩证法提供了理论依据和实践检验，深刻印证了马克思主义哲学的基本原理，具体有以下两点：

（1）系统分析论和反馈控制论告诉我们要坚持目标导向，必须重视调查研究。

“没有调查就没有发言权，没有调查就没有决策权”。没有信息反馈渠道，就无法确定理想状态和现实执行情况的目标差，无法给出解决现实问题的理想办法。李强总理在人民大会堂接受记者提问时总结的“坐在办公室碰到的都是问题，深入基层看到的全是办法，高手在民间”，正是说明了重视调查研究是坚持我们党实事求是的思想路线的重要措施。必须坚持党的群众路线，从群众中来、到群众中去。系统分析论和反馈控制论揭示了实事求是和调查研究的重要性。

（2）系统分析论和反馈控制论告诉我们实现目标需要团队协作精神。

系统分析论中，在大框架下系统由各个具体部门组成，以信息传输、交换的方式进行结果优化，往往理论值和实际值之间会存在一定偏差，需要分布协作、步骤优化实现控制目标向最优化的方向发展，就像车站信号控制系统的三个部分各司其职，充分、及时进行反馈优化，统一优化方向，实现系统任务，完成实际控制。这个优化过程可以启发我们，在日常生活中我们要充分做好自己的事情，并且将个人想要实现的目标与国家和民族的奋斗目标相统一，一个人的努力是渺小的，一群人的努力是伟大的，以集体利益为根本原则，实现个人价值的升华，聚沙成塔，集腋成裘。

3. 分析总结

系统分析论、反馈控制论在车站信号控制领域的应用充分反映出系统运行的基本准则。从工程实际中抽象出普遍原理是十分重要的事情。通过教师的引导将具体的工程问题转化为同学能够探索理解系统论和反馈思想。培养学生对知识体系的深入探究，重视实践，让同学们学有所成，学有所用，培养同学解决实际问题的能力。

案例 2　抓住“关键少数”的继电联锁控制系统

【课程名称】车站信号自动控制

【教学内容】继电联锁控制系统

【案例意义】现在我们正处于信息时代，信息的冗杂性、多样性、隐蔽性增加了我们获取有效消息的难度，把握风向标，确定前进方向，继电联锁控制系统是车站信号控制系统中非常重要的一个部分，通过把握“关键少数”的继电联锁控制系统，培养学生抓住主要矛盾的能力。

教学过程

1. 问题导入

生活中，我们对控制的概念并不陌生，而对于实际控制对象，我们需要进行具体分析，即对一个普遍的、宽泛的问题不断限制条件，最后得到特殊状态、具体情况下的具体结果。继电联锁是在信号楼或车站值班员室集中控制信号机和道岔的联锁设备。在继电联锁中实现联锁的主要元件是继电器。

问题：

（1）控制系统的组成需考虑哪些问题？

（2）车站控制系统的组成需考虑哪些问题？

（3）继电器如何构建车站控制系统？

2. 讲授正文

继电联锁主要设备可以分为室内设备和室外设备。室内设备主要有控制台、继电器组合及组合架、分线盘和电源屏等。室外设备主要有色灯信号机、电动转辙机、轨道电路及电缆线等。

控制台人员将控制信号机和电动转辙机执行开关的指令通过连接继电器室内的电缆传送到室内的继电器组合上，继电器组合上的继电器接收到指令后，使继电器的衔铁被吸动或复原，继电器动作的信号再由电缆传送到相应的信号机和控制相应道岔动作的电动转辙机，使信号机处于开放或关闭状态，使道岔处于定位或反位状态，从而使进路上的信号机、道岔与相应的进路实现联锁，如图 6-4 所示。

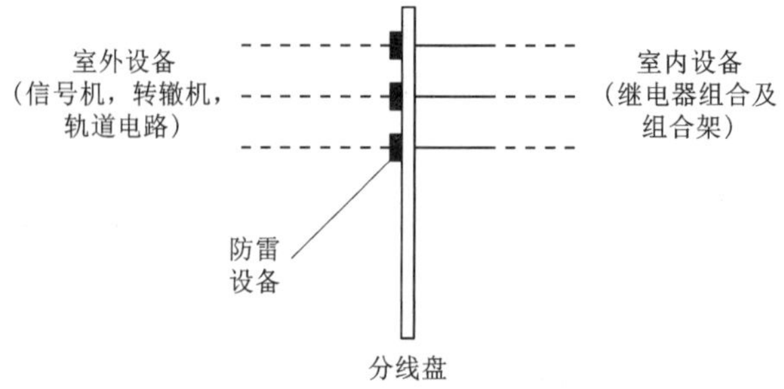

图 6-4　继电联锁系统

如图 6-5 所示，以 6502 电气集中联锁系统为例，分析电气集中联锁系统原理。抓住继电联锁控制系统这个“关键少数”，关键在于把握 15 根网络线的功能构成，正如同抓住事情的主要矛盾。世界上没有一模一样的两片树叶，各根网线对应的功能也并不完全相同，而总的来说，可以综合为两类，即为 1～6 线网线的选择组电路，7～15 线网线的执行组电路。对于具体每根网线：

1～6 线主要起到选择的作用，属于选择组电路，通过记录进路始端、终端，进路性质，检查进路内各区段是否锁闭或者空闲，确定并且记录好进路口的道岔位置。

7～8 线是检验位，7 线主要检查进路中道岔是否转换到规定位置，8 线主要检查进路锁闭条件是否满足。

图 6-5　6502 单元控制台

9、10 线主要让启动进路锁闭。具体锁闭过程由区段、道岔的局部电路完成。

11 线检查开放信号条件是否满足，满足时开放信号。

12、13 线检查进路解锁条件是否满足，满足时对进路进行解锁。

14、15 线控制台盘面表示灯电路。

3. 分析总结

用辩证唯物主义的观点将 6502 电气集中联锁系统网络功能的差异性抽象出来，可以得到矛盾论的基本观点。影响电气集中联锁系统功能的因素有很多，正如唯物辩证法里的矛盾的多样性，但最主要的是电气集中联锁系统的网线功能，即主要矛盾。抓住主要矛盾和中心任务带动全局工作，促进系统功能的实现和优化，必须注意把握好主要矛盾和次要矛盾、矛盾的主要方面和次要方面的关系，对各种矛盾做到了然于胸，同时又要紧紧围绕主要矛盾和中心任务，优先解决主要矛盾和矛盾的主要方面，以此带动其他矛盾的解决，在整体推进中实现系统重点突破。

通过对继电联锁控制系统的整体和重要部分的分析和对每根网络功能的总结，鼓励同学学会寻找事物的主要矛盾，学会总结和归纳，找到不同方面的一些共性，学会求同存异，共同进步，达到了课堂思政的效果。

案例 3 肖瑾与中国铁路电气化过程

【课程名称】车站信号自动控制

【教学内容】铁路勘测设计专家肖瑾和中国铁路电气化过程

【案例意义】以中国轨道交通发展史上著名铁路勘测设计专家肖瑾为例，以中国铁路电气化为线索，引导学生积极学习前辈艰苦奋斗事迹、激发学生的爱国主义，学习前辈的工匠精神和奉献精神。

教学过程

1. 问题导入

我国提出到 2035 年基本实现社会主义现代化，工业的发展也由追求数量大到追求质量精。铁路电气化的发展离不开一代代前辈的耕耘和付出，希望各位同学通过铁路前辈的故事激发爱国主义精神和严谨的工匠精神，了解我国铁路发展从无到有，从落后到先进的过程。

2. 讲授正文

中国的铁路电气化进程是一个长期且艰难的过程，离不开各位前辈的付出和奉献，我国的列车更新换代经历了三个不同的阶段，从蒸汽机车到内燃机车，从内燃机车到电力机车。配套的铁路道路的建设也在同步进行，而铁路道路的建设离不开现场勘探，一切依据实际情况展开。

肖瑾是一位著名的铁路勘测设计专家。长期从事铁路勘测及研究管理工作，先后主持勘测设计东北、华北地区，包括嫩林、京原、石太、京九等十几条主要铁路干线；主持研究北京、沈阳、济南等大枢纽和编组站的总体规划；主持编纂了大量有关的规范、制度和章程。特别在东北森林永久性冻土地区和京原线驿马岭隧道的勘测设计以及石太线电气化改造工程中，建树尤多。为发展我国铁路事业，提高勘测设计的质量和效率，做出了突出贡献。

肖瑾教授的铁路历程大体上可分为三个阶段，第一个阶段是年少时候目睹国家处于水深火热中，立志求学，投身于实业救国的环境中；第二个阶段是担任大学教授，负责审查铁路设计文件，经常赴遵义、贵阳、昆明、柳州等地进行工作，先后主持了川黔线、黔湘线等重大项目的规划研究和设计工作，此外还负责主持既有线路的修复、养护和维修工作；第三个阶段是新中国成立后，全身心投入到新中国的铁路建设，参加衡阳铁路局柳州分局湘桂、黔桂铁路的恢复抢修工作。当时西南地区刚刚解放，武装土匪四处出没，他不怕危险，坚持赴铁路沿线工作，以确保线路畅通，为支援国家建设和抗美援朝而积极认真工作。

对于其取得的技术成就，主要可以总结和概括为下面几个方面：

(1)为铁路勘测设计事业培养人才；

(2)逐步建立铁路勘测设计有关规范、程序和制度；

(3)精心策划，统筹安排东北华北新建铁路布局；

(4)主持科研项目，推广标准设计；

(5)批判地借鉴和吸收国外先进经验；

(6)科学民主地进行技术决策。

3. 分析总结

工科不是冰冷冷的技术学科，而是充满温度的“人文学科”。伟大的先辈不是一个时代的过客，而是一个个真实的存在。我国现在正面临百年未有之大变局，从当前我国发展面临的挑战和机遇出发，提出培养人才的重要性，追溯其源头，引出肖瑾等我国铁路勘探建设领域先驱工作者的事迹。让学生从前辈的付出中汲取奋进力量，保持严谨谦虚的作风，弘扬爱国主义精神，使个人的小价值和社会主义建设的大成就相统一。

7

区间信号自动控制

教学内容和思政融合设计

序号	教学内容	思政映射与融入点
1	绪论	引进创新，再创辉煌 案例 1：闭塞关乎行车安全，从列车安全运行技术的发展领悟国家综合国力的提升，提升民族自信心和历史认同感。
2	知识点：64D 继电半自动闭塞系统及改进	精于细微之处，成于细节之中 案例 2：64D 继电半自动闭塞系统蕴含的联锁关系可谓牵一发而动全身，精于每个细微之处，成于每个细节之中。
3	知识点：ZPW-2000A 轨道电路	唯进取也，故日新 案例 3：取其精华，弃其糟粕，日日进取，自主创新造就拥有自主知识产权的 ZPW-2000A 轨道电路。
4	知识点：机车信号	从系统角度看问题，从协同方面悟原理 案例 4：机车信号系统是机车的“眼睛”，能获取前方信息保证行车安全。
5	知识点：站内电码化	互联互通，互助互行 案例 5：站内电码化使得车站轨道电路也可以发送机车信号信息，为站区一体化打下基础。

案例 1　闭塞与铁路行车安全

【课程名称】区间信号自动控制

【教学内容】闭塞与列车安全运行技术的发展

【案例意义】带领同学们感悟我国基于闭塞技术的列车安全运行技术发展，感受国家综合国力的提升与科技人员的智慧，增强同学们的民族自信心和民族认同感。

教学过程

1. 问题导入

引入我国列车安全运行技术发展主要阶段的历史事件，让同学们领悟基于闭塞技术的列车安全运行技术的强大之处，以技术的发展感悟中华民族的辉煌历史，以历史的进步感悟中华文化的博大精深。最后落脚于区间闭塞技术，引导同学们思考闭塞技术为什么可以保障高速列车的安全运行。

2. 讲授正文

中国高铁作为我国一张亮丽的名片，正以高速、安全的特点引领着高铁技术的发展。高铁安全运行背后，是闭塞技术保证着旅客的安全，凝结着中国智慧和我国科技人员长期以来的辛勤付出。

列车安全运行与闭塞是铁路信号技术的重要内容，关系到铁路运输的效率和安全。从19世纪中叶出现真正在轨上行驶的火车后，人们就开始研究如何控制火车安全运行。最早为保证列车运行安全，人们骑马作为列车运行先导，以后又在一定距离设置导运人员用旗帜来提示列车可否安全前行。随着科学技术的发展，人们开始采用轨道电路、自动闭塞、超速防护、无线通信等方法来实现列车运行控制，如图7-1所示。

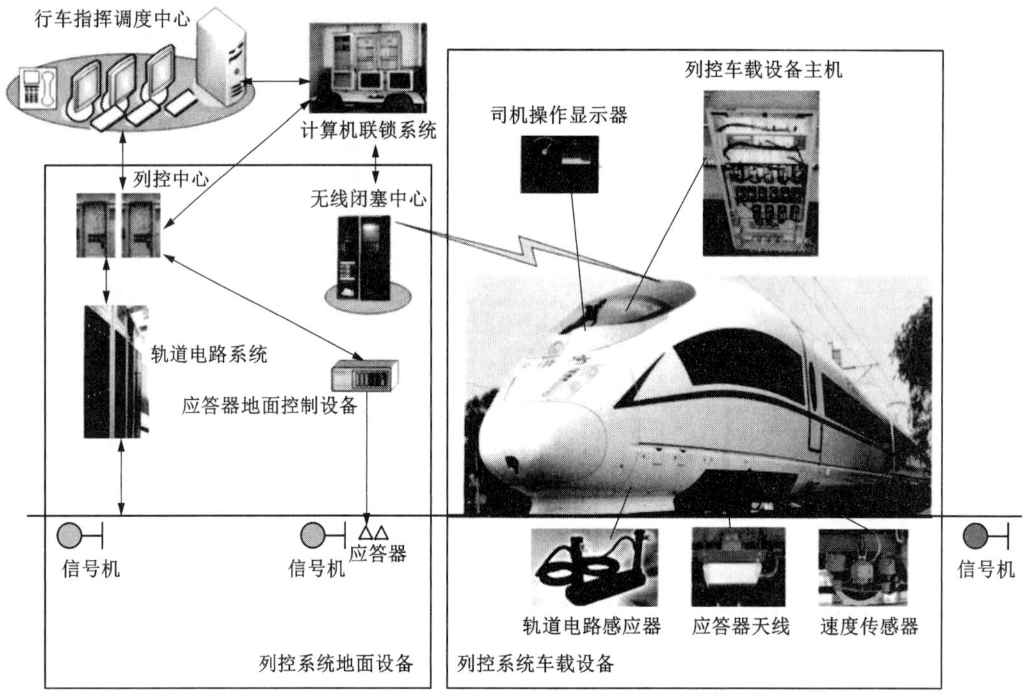

图7-1 列车运行控制系统

我国列车安全运行技术历经了“从引进到创新到引领发展”的过程。1985年我国在郑武线电气化工程中率先引进法国UM7缘轨道电路自动闭塞和TVM300超速防护系统，推动了我国列车超速防护的发展；1995 年我国自行研制的 LSK 旅客列车速度分级控制系统在广深线 160～200 km/h 的列车上投入运营，实现了我国超速防护系统历史性的突破；2007 年我国制定了《客运专线 CTCS-2 级列控系统配置及运用技术原则（暂行）》文件，明确规定了 CTCS-2 系统运用技术原则，对 CTCS-3 级列控系统提出了技术要求；2008 年京津城际铁路开通运营，使用了 CTCS-3 级无线移动闭塞系统，实现了时速 350 km 高速列车的安全控制；2019 年京张高铁开通运营，实现了时速 350 km 高速列车的自动驾驶。

列车安全运行技术的发展历程，不仅反映了铁路技术的进步，也反映了国家综合实力的提升和中华民族的辉煌历史。我国铁路信号技术经历了从落后到赶超的过程，从引进外国技术到自主创新，从适应既有线路到建设高速铁路，从单一功能到多功能集成，从分散管理到统一规范。我国铁路信号技术在世界上具有重要地位和影响力，为我国经济社会发展和人民生活改善做出了巨大贡献。

以我国列车安全运行技术的发展为参照，如图 7-2 所示，我们自身的发展也是一个不断学习不断突破的过程，一项技术的突破背后是无数人的日夜努力，国家的进步发展是我们每一个人的责任与任务。作为新时代青年的我们，需了解认知国家关键技术的发展历程；作为交通人的我们，需学习掌握行车闭塞关键技术，为新时代中国梦的建设贡献自己的力量。

图 7-2　京张高铁线路图

3. 分析总结

从我国列车安全运行技术发展历程引入，向同学们展示我国铁路关键技术的突破，引导同学们思考列车安全运行背后的原因，最终落脚于闭塞技术。帮助同学们学习闭塞技术的同时，激发同学们探索闭塞技术的激情，同时让同学们认识到作为新时代青年的责任与使命，提升同学们对历史的认同感和对中华民族的自信心。

案例 2 64D 继电半自动闭塞系统及改进

【课程名称】区间信号自动控制

【教学内容】64D 继电半自动闭塞系统及改进

【案例意义】强调 64D 继电半自动闭塞系统的联锁关系，启发同学们做研究要严谨细致，明白内在逻辑关系，逐步建立缜密的思维逻辑。

教学过程

1. 问题导入

现在的高速铁路采用自动闭塞的方式保证行车安全，那么在技术尚未成熟的过去，我国是怎么保证行车安全的呢？通过与同学们已修课程数字电子技术中的逻辑门类比，启发同学们理解 64D 继电半自动闭塞系统的总体逻辑，引导同学们思考 64D 继电半自动闭塞系统内部采用什么样的逻辑实现行车闭塞，并深入探索建立 64D 继电半自动闭塞系统闭塞逻辑的原因。

2. 讲授正文

为帮助同学们初入 64D 继电半自动闭塞系统的大门，为后续具体知识点的讲解打下基础，先对 64D 继电半自动闭塞系统实现的总体功能进行讲解，再与数学电子技术的逻辑门类比，带领同学们由浅入深学习 64D 继电半自动闭塞的闭塞逻辑。

(1) 讲述 64D 继电半自动闭塞的正常办理手续，带领同学们厘清 64D 继电半自动闭塞系统实现行车半自动闭塞的流程，初步了解 64D 继电半自动闭塞系统。

采用分组的方式，让同学们模拟发车站和接车站的值班员，如图 7-3 所示，协同完成半自动闭塞的办理步骤，加深同学们对半自动闭塞的理解。

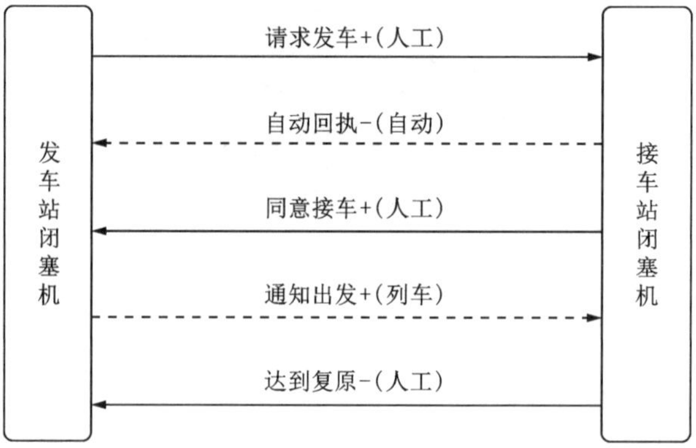

图 7-3 64D 型单线半自动闭塞两站间传送的闭塞信号

(2)讲述64D继电半自动闭塞系统存在的问题，基于SGA按钮错误按压和无法自动检测列车是否完整达到两个问题进行探讨，讲解对应问题的解决方法，引出计轴设备的使用和列车完整性检查的概念。

指出64D继电半自动闭塞事故复原按钮可能存在错误按压的情况，对于此提出“两次按压，延时确认”的方法；指出64D继电半自动闭塞系统需要值班员确认列车节数，无法自动检测列车完整到达的问题，对于此提出计轴设备的使用。

采用分组的方式，让同学们相互复述计轴设备如何结合64D继电半自动闭塞系统实现自动检测列车完整性的功能，如图7-4所示，并分析计轴设备的优缺点，讨论哪些因素会影响到计轴设备检测的准确性，引导同学们建立严谨的思维逻辑，调动同学们思考的积极性。

图7-4　室外计轴设备

(3)讲述计轴站间自动闭塞中区间占用检查原理，指出区间占用检查时的红光带和白光带现象，如图7-5所示。分别讲述红光带产生的原因为道床漏泄过大，电阻过低；白光带产生的原因为轨面生锈，造成车轮不能可靠分路。

采用分组的方式，让同学们分析红光带和白光带所带来的危害有哪些，并以小组的形式回答红光带和白光带两种现象中哪一种现象会带来更加严重的安全隐患。基于小组的回答，明确指出白光带的危害更大，会危及行车安全。

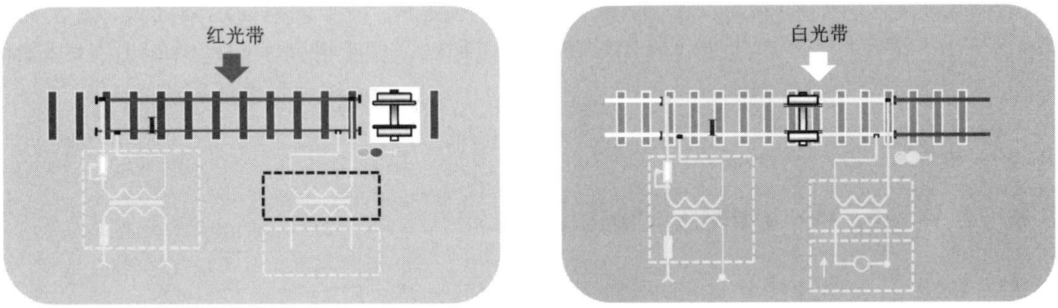

图7-5　红光带与白光带现象

(4)讲述计轴站间自动闭塞中列车运行方向判定的原理，如图 7-6 所示，明确列车运行方向在列车运行控制中发挥很大作用。另外指出在计轴站间自动闭塞系统中，驾驶台上会设置相应的表示装置，用来显示列车的运行方向。例如通过显示箭头来指示列车的运行方向，驾驶员可以根据表示装置上的指示来判断列车的运行方向。车站站台上也会设置相应的表示装置，用来提示列车的运行方向。例如通过在站台上设置标志牌、信号灯等来指示列车运行。驾驶员可以根据站台上的表示装置来判断列车的运行方向。在一些特殊情况下，可以通过区分列车的前后端来判断运行方向。例如某些列车的前后端设计不同，或者在前后端设置了不同的信号灯，可以根据前后端的区别来判断列车的运行方向。计轴站间自动闭塞系统中列车运行方向的判定主要依靠接触轨判定法、驾驶台表示法、车站站台表示法和列车前后端区别等方法。可以根据具体情况选择并结合使用不同的方法，以确保列车的安全运行。

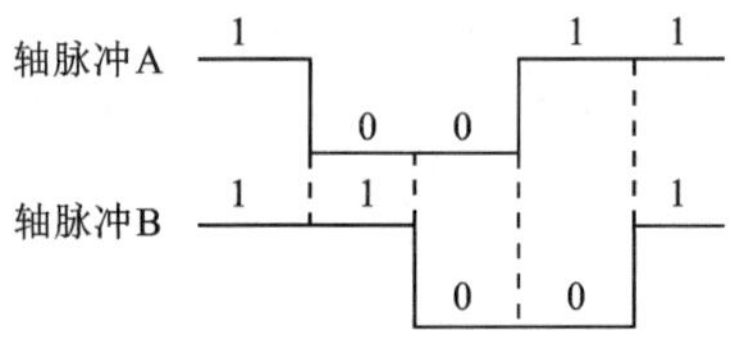

图 7-6　A、B 点传感器轴脉冲时序图

采用分组的方式，让同学们讨论判断列车运行方向的方法，并结合计轴设备实现列车运行方向的确定，引导同学们思考相对和绝对概念，为以后同学们分析实验数据、寻找参考基准提供思路。

3. 分析总结

采用引导式询问讲授方式，针对 64D 继电半自动闭塞系统中的几个关键问题，由浅入深，在讲授知识点的同时更注重于代入中国科技人员解决问题的思路，学习解决问题的思考方式。

具体而言，通过学习 64D 继电半自动闭塞系统及改进，同学们可以了解继电半自动闭塞系统的工作原理和组成结构，了解信号机、电机码盘、继电器等基本元件的作用和连接方式；理解闭塞系统中的列车运行规则和信号显示规则，掌握列车进路和信号机显示的对应关系；学会使用逻辑推理和电路分析方法，设计闭塞系统的电路图和操作流程，实现列车的安全运行和信号机的正确显示；掌握闭塞系统中的故障诊断和维护方法，能够对故障进行排除和修复；了解现代铁路信号系统的发展历程和技术特点，对铁路交通安全和运行效率的重要性有更深刻的认识；培养团队合作和创新思维能力，通过改进闭塞系统的设计和应用，提高系统的安全性、可靠性和智能化水平，为铁路现代化建设做出贡献。

最重要的是对于任何问题，都要认真分析其内在机理，精于现象的细微之处，成于问题的细节之中，将知识点与中华民族的优秀传统文化相结合，使得同学们理解知识点的同时，将中华优秀传统文化道德精髓根植于内心，提升对中华民族传统文化的认同感。

案例 3　ZPW-2000A 轨道电路

【课程名称】区间信号自动控制

【教学内容】ZPW-2000A 轨道电路及其创新点

【案例意义】带领同学们学习 ZPW-2000A 轨道电路的研制背景、过程和意义，激发同学们对 ZPW-2000A 轨道电路的兴趣和好奇心，激发创新思维和探索精神，在提高同学们专业技能和素质的同时，增强同学们对国家自主创新能力和国际竞争力的认识。

教学过程

1. 问题导入

在同学们学习闭塞的基础上，进一步带领同学们学习轨道电路实现区间占用检查的原理。重点讲解我国自主知识产权的 ZPW-2000A 轨道电路，ZPW-2000A 是如何在没有物理绝缘节的情况下实现相邻轨道电路区段的隔离，保证轨道信号可靠传输的呢？课前向同学们抛出问题，让同学们带着问题听课，进一步提高学习效率，同时感受我国科研人员的经验智慧，领悟中华优秀传统文化的魅力。

2. 讲授正文

ZPW-2000 A 型无绝缘移频自动闭塞是在引进和国产化法国 UM71 无绝缘轨道电路技术的基础上，结合国情进行的技术再开发。前者较后者在轨道电路传输安全性、传输长度、系统可靠性、可维修性以及结合国情提高技术性能价格比、降低工程造价上都有了显著提高。

为帮助同学们更好地理解轨道电路信号传输、区间占用检查等功能的实现，讲授多采用示意图加课堂讨论的形式进行，让同学们做到先领其意，再寻其理。

(1) 讲授 ZPW-2000A 轨道电路实现区间占用检查的原理，重点讲述无绝缘轨道电路由主轨道电路和短小轨道电路组成，其中短小轨道电路又称为电气绝缘节，是实现轨道信号可靠传输的关键所在，如图 7-7 所示。

采用分组的方式，让同学们讨论当列车运行方向发生改变时，短小轨道电路和主轨道电路的关系会发生什么变化。明确当列车运行方向发生改变时，主轨道电路不发生改变，短小轨道电路的位置会发生变化，但短小轨道电路始终是列车运行前方主轨道电路的延续段。

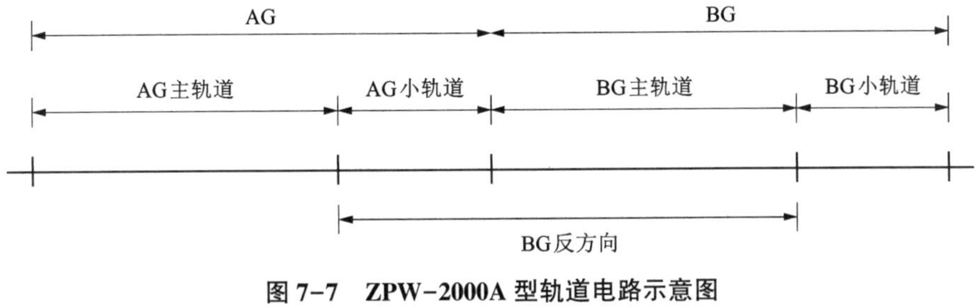

图 7-7　ZPW-2000A 型轨道电路示意图

(2) 讲述短小轨道电路的组成，明确短小轨道电路由一个空心线圈和两个不同的调谐单元组成，是实现相邻区段电气隔离的关键所在。重点讲述调谐单元对于本区段的音频信号呈电容性，与调谐区钢轨、空心线圈的综合电感形成并联谐振呈现高阻抗，减小对本区段信号的衰耗；对于相邻区段音频信号呈现低阻抗，阻止相邻区段信号进入本区段。从中可领悟设计的巧妙之处，类比信号噪声的处理，一是让无用的频段通过回路滤除，二是让有用的频段不经过回路进行保留，如图 7-8 所示。

采用分组的形式，让同学们讨论短小轨道电路为什么要设置为两种不同的调谐单元，明确在每个闭塞分区发送端和接收端连接的调谐单元类型相同，让同学们自主探索 ZPW-2000A 轨道电路频率设置的巧妙之处。

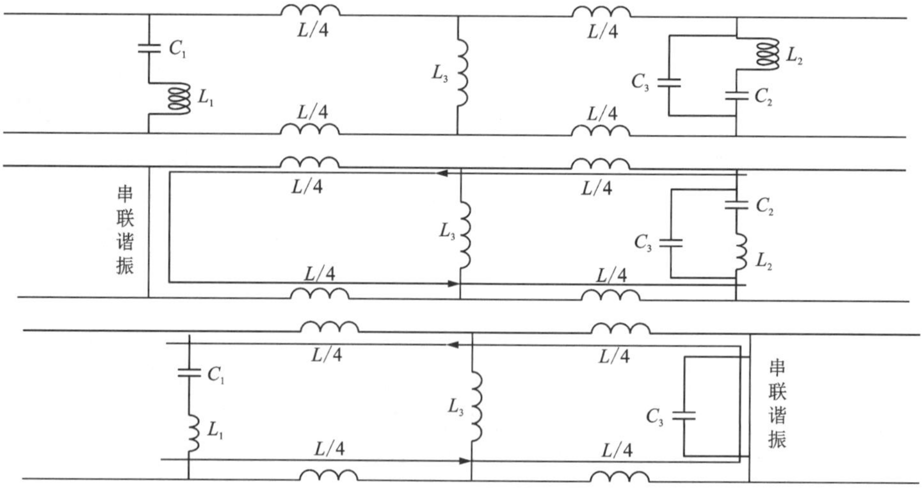

图 7-8　ZPW-2000A 型轨道电路调谐区原理框图

(3)讲述调谐单元中空心线圈的作用，明确空心线圈在牵引电流回流中的重要作用。通过空心线圈的多重作用，引导同学们思考问题要多方面考虑，培养同学们严谨细致的学习态度，领悟工程实践与理论研究的区别与联系。

采用分组的方式，让同学们讨论空心线圈的作用。向同学们展示具体的铁路信号设备，如发送器、接收器、衰耗盒等，如图 7-所示，让同学们结合具体的实际工程背景去考虑问题，培养同学们做实事的能力，同时让同学们对实际工程实践有初步的了解，不只是让知识停留于理论层面。

图 7-9　ZPW-2000A 型轨道电路采集衰耗器、衰耗器、发送者

(4)最后总结本节课的知识点，将我国自主研发的 ZPW-2000A 型无绝缘移频自动闭塞系统的产生过程(引进—吸收—消化—再创新)与爱国、敬业、诚信等社会主义核心价值观内容相结合，以培养学生时刻践行社会主义核心价值观的意识。

课后让同学们查阅资料，找出当前轨道电路存在的问题和前沿研究，鼓励同学们提出自己的见解、建议和问题，激发同学们的兴趣和好奇心。

3. 分析总结

在讲授ZPW-2000A轨道电路的原理、特点、应用和创新时，穿插介绍其研制背景、过程和意义，引导学生思考其与国家战略、社会需求、科技进步等的关系，激发学生的爱国情怀和自豪感；同时在讲授ZPW-2000A轨道电路的应用范围、效果和优势时，举例说明其对于铁路运输安全、高效、节能、环保的贡献，引导学生思考其与社会责任、公共利益、可持续发展等的关系，培养学生的责任感和使命感。具体而言：

培养责任心和使命感：在铁路运输行业，信号设备是列车安全运行的重要保障，学习ZPW-2000A轨道电路需要认真负责，时刻保持高度警惕，培养责任心和使命感；

增强团队意识：在实际工作中，轨道电路的使用需要多个工种的协作配合，同学们需要与其他工种的同事进行沟通和协作，增强团队意识；

坚持安全第一：在学习ZPW-2000A轨道电路的过程中，同学们需要时刻关注安全问题，坚持安全第一原则，做到安全意识贯穿学习和工作的全过程；

培养创新意识：随着技术的不断发展，轨道电路设备也在不断更新换代，同学们需要具备创新意识，不断学习新知识，掌握新技能，为铁路运输事业的发展做出贡献；

倡导诚信守法：作为铁路工作者，同学们需要遵纪守法，诚实守信，坚持诚信守法的职业道德和信仰，为铁路运输事业的发展保驾护航。

另外采用讲授、示范、讨论、实验等多种教学方法，使教学内容形象化、生动化、直观化；最后根据学生的课后作业、实验报告等，评价他们对ZPW-2000A轨道电路的应用和创新的能力和水平，给予适当的反馈和指导，鼓励他们继续学习和探索。

案例4 机车信号

【课程名称】区间信号自动控制

【教学内容】机车信号的分类及发展

【案例意义】由机车信号的应用场景和实际效果，引导学生了解我国高铁事业的发展成就和国际影响力，激发学生对祖国的自豪感和对交通强国战略的责任感。

教学过程

1. 问题导入

公路上汽车按照红绿灯的指示安全行驶，既保障了安全又提高了效率；在铁路系统中，也存在着类似红绿灯的设备，叫作信号机。那么列车司机也是和汽车司机一样通过观察车外信号灯变化控制列车的启停吗？如果列车速度提升，司机在车内看不清信号机颜色变化该如何保证列车安全运行呢？课前抛出问题，让同学们带着问题听课，在课堂上针对问题进行讲授，结合工程实践引导同学们以实践落地的角度思考问题，培养同学们善于探索、善于发现的能力。

2. 讲授正文

为方便同学们理解机车信号的概念，引入公路交通中红绿灯的例子，将机车信号与红绿灯做对比，引出机车信号是指在司机室内指示列车前方运行条件的信号，是保证列车安全运行和提高运输效率的重要设备。

（1）讲述机车信号的构成，指出机车信号由信息源、信号接收设备、信号鉴别设备、警笛、信号译解设备等组成，明确机车信号的目标是将地面信号机的显示自动复示到机车内部，如图 7–10 所示。

采用分组的方式，让同学们讨论机车信号要满足怎么样的要求才能实现铁路安全运行。明确铁路系统中的“故障–安全”原则，在机车信号设备出现故障时，不应出现允许的信号显示，并在机车信号设备停止使用时有所表示。

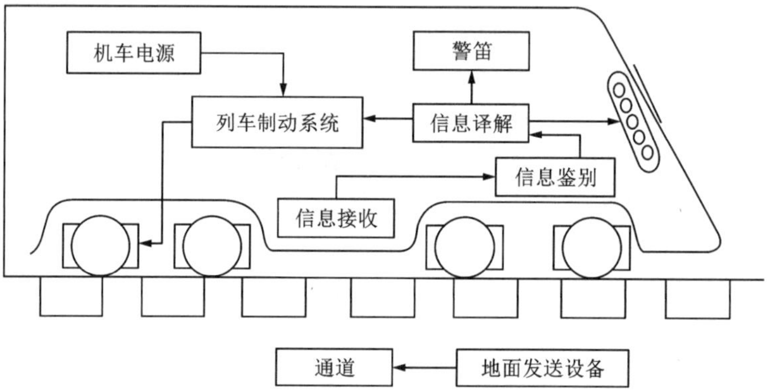

图 7–10　机车信号系统框图

（2）讲述机车信号的分类。按照机车信号的信息源来分，主要分为点式、接近连续式和连续式，指出三种方式的区别与联系，明确指出连续式可分为重复式、预告式和重复预告式；按机车的通用性来分，可分为专用式、通用式、主体化和一体化，指出四种方式的区别与联系。

采用分组的方式，让同学们讨论重复式、预告式和重复预告式机车信号的特点，让同学们加深对知识点的理解。

（3）重点讲述主体化机车信号。先讲述机车信号由辅助信号变为主体信号的过程，感受我国技术人员在机车信号创新过程中的勤于思考、精益求精的大国工匠精神；再讲述主体化机车信号采用“二乘二取二”的冗余安全结构，如图 7–11 所示，由机车信号的安全保障引导同学们认识到铁路人要有历史使命感和人民情怀。

采用分组的方式，让同学们讨论铁路系统中采用的冗余方式有哪些，同时引导同学们思考铁路系统中采用冗余是为了保证安全，即功能的实现不是唯一目标，行车安全是铁路人需要时刻首先放在心中的，让同学们领悟到铁路人科学严谨的科研态度。

（4）以图片的形式向同学们展示主体化机车信号设备，如图 7–12 所示，让同学们对主体化机车信号设备有一个直观的认识，为同学们以后实习或工作打下基础。

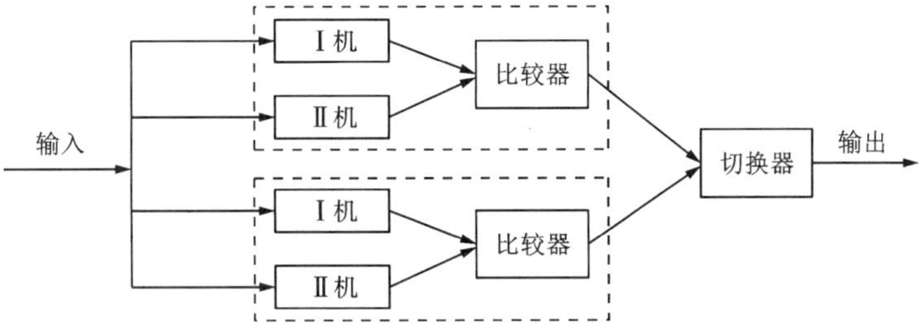

图 7-11 机车信号防护系统二乘二取二冗余结构

讲述主体化机车信号显示与地面信号机显示之间的关系。指出主体化机车信号显示 U2S 时表示要求列车减速到规定的速度等级，越过接近的一个显示 U 灯的地面信号机，并预告下一个地面信号机显示 USU 灯，并引导列车经 18 号及以上道岔侧向位置进路；主体化机车信号显示 U2 时表示要求列车减速到规定的速度等级，越过接近的显示一个黄灯的地面信号机，并预告下一个地面信号机开放经小号码侧线进站进路；主体化机车信号显示 U 时表示要求列车减速到规定的速度等级，越过接近的显示一个黄灯的地面信号机，并预告下一个地面信号机处于关闭状态(H 灯)。

明确指出主体化机车信号具有预告的功能。

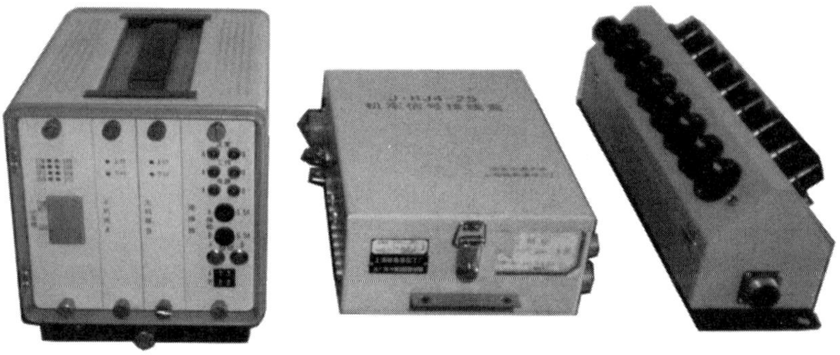

主机箱　　带电源线接线盒　　机车信号显示

图 7-12 机车信号设备

(5)最后对本节课堂内容进行总结，首先指出我国机车信号发展经历了从仿制到自主创新，从简单到复杂，从低速到高速的过程，反映了我国铁路事业的不断进步和创新，并且我国机车信号发展以提高列车运行安全和效率为目标，以满足客运和货运的需求为导向，以提升铁路综合运输能力为使命，为交通强国战略做出了贡献；接着对具体知识点进行总结；最后给同学们留下探索问题，让同学们查找资料，探索当前机车信号有哪些可以改进的地方，激发同学们积极探索的创新思维。

3. 分析总结

从公路交通中红绿灯信号的例子引入，以类比的方法帮助同学们理解机车信号的功能，在此基础上讲解我国机车信号的发展与创新，引导学生学习善于观察、勤于思考、探索未知、勇于创新、精益求精的大国工匠精神。

通过讲解具体的知识点，同学们学习机车信号的基本原理和工作机理，了解其在铁路运输中的作用和重要性，同时学习机车信号的应用技术和发展趋势，了解其在信息化、智能化、自动化方面的应用和发展，掌握未来的发展方向和趋势。

在讲解知识点的同时指出我国机车信号发展注重了消化吸收国内外的先进技术，同时也突出了自主研发和创新能力，形成了具有自身特色和优势的技术体系和产品系列，同时将安全意识逐渐根植到同学们心中，铁路系统中应时刻以安全为第一考虑原则，引导学生认识到铁路人要有历史使命感和人民情怀，以追求卓越、勇于担当、科学严谨、不断探索为宗旨，为中国高铁领跑世界提供科技支撑，为广大人民群众提供美好出行体验。

案例5 站内电码化

【课程名称】区间信号自动控制

【教学内容】站内电码化及其发展

【案例意义】站内电码化是铁路技术进步的一个缩影。以向同学们讲授站内电码化为契机，培养同学们的逻辑思维能力、应用能力和优化能力。

教学过程

1. 问题导入

列车在区间运行时，可以通过轨道电路传输前方线路的信息，使得列车安全高效地运行，但若车站内的轨道电路不能发送机车信号信息，当列车在站内运行时机车信号将会中断工作。所以为了保证列车在区间和车站运行的效率，需要在站内轨道电路的基础上进行电码化，使得机车信号在站内也能够连续显示，符合站区一体化的设计理念。

2. 讲授正文

本节课以区间车站一体化为背景，讲授站内电码化的原理和关键知识点，带领同学们学习站内电码化的铁路技术，领悟科技兴国的战略思想。

(1)讲述站内电码化的分类。按照信号发送的方式可分为切换方式和叠加方式。其中切换方式分为固定切换方式和脉动切换方式；叠加方式分为预叠加式和闭环电码化，明确指出闭环电码化具有闭环检查(报警)功能，电码化闭环检查检测出信号未发送到轨道时，系统立即向列车发出设备故障报警，保证列车行车安全。

采用分组的方式，让同学们讨论闭环电码化中包含的反馈控制原理，如图7-13所示，引导同学们思考做什么事情时都需形成反馈，以保证形成闭环控制。

(2)讲述电码化的技术要求。指出电码化系统应满足故障-安全原则；已发码的区段当区段空闲时电码化轨道电路应能自动恢复到调整状态；有效电码化中断的最长时间不应大于机车信号允许中断的最短时间，且电码化后不应降低轨道电路的安全性与可靠性，明确指出当列车冒进信号时至少其内方第一区段发禁止码或不发码。

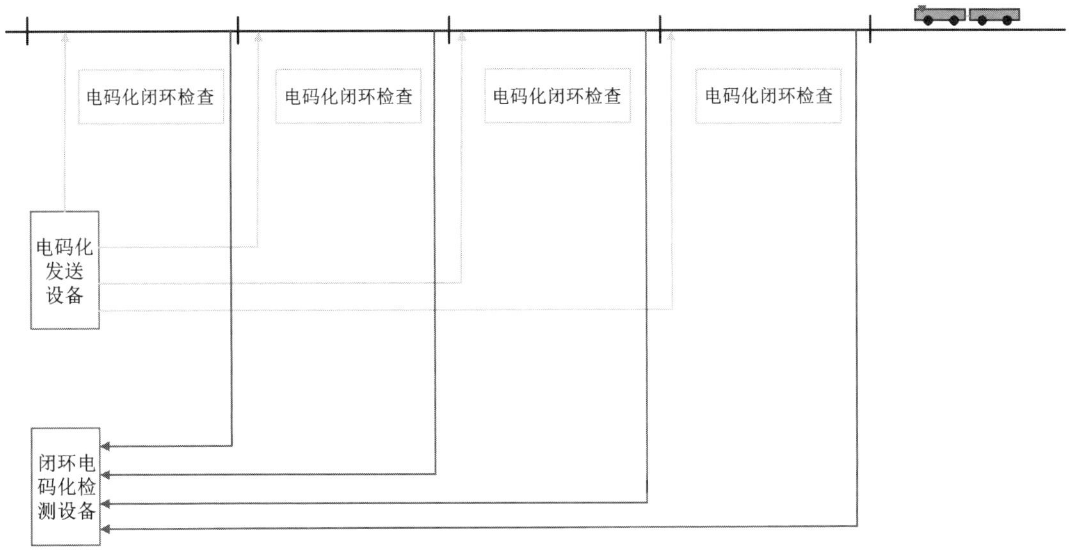

图 7-13 闭环电码化示意图

采用分组的方式，让同学们讨论电码化的具体范围，让同学们充分掌握、灵活应用所学知识，做到知其然并知其所以然。

(3)讲述电码化区段布置补偿电容的方法。在电码化区段中，由于信号线路较长，存在电缆电容、电缆电感等因素导致传输信号时出现衰减、延迟等问题，从而影响信号的准确性和可靠性，采用电容补偿方式如图 7-14 所示。

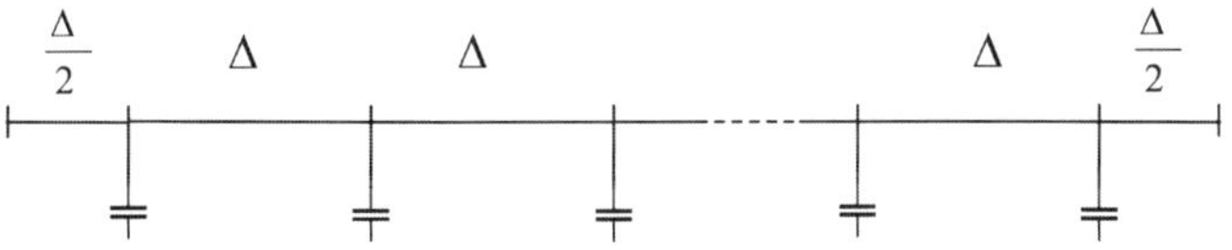

图 7-14 补偿电容示意图

采用分组的方式，让同学们讨论加入补偿电容后为什么可以提高信号的准确性和可靠性。明确指出设置补偿电容可抑制高频信号衰减、抑制信号延迟和提高信号传输速率，具体如下：

电缆电容会对高频信号产生衰减作用，使信号强度降低导致信号传输误码率增加，而设置补偿电容可以增加电路的带宽，抑制高频信号衰减；电缆电感会导致信号传输时出现延迟，造成信号解码错误，而设置补偿电容可以对电缆电感进行补偿，抑制信号延迟，避免信号解码错误；在电码化区段中，通过增加补偿电容可以提高传输线路的带宽，从而提高信号传输速率，缩短信号传输时间，提高列车运行效率。

(4)讲述逐段预叠加电码化。“逐段”为一个区段接着一个区段地发送电码化信息；“预”为列车占用某一区段时，本区段及列车运行前方相邻的下一个区段也开始发码；“叠加”为站内原轨道电路信息与机车信号信息在传输通道内同时存在。

采用分组的形式，让同学们讨论逐段预叠加电码化的优点，并与其他电码化方式进行对比，采用对比的方法理解和学习。

（5）课后让同学们查找有关站内电码化未来发展趋势的资料，引导同学们关注科技前沿发展动态，以发展的眼光看待问题。

3. 分析总结

站内电码化技术是铁路信号技术的重要组成部分，它经历了从无到有、从简单到复杂、从低速到高速的发展过程，体现了我国铁路工作者不断探索、创新、进步的科学精神。在讲授知识的同时引导同学们学习这种精神，勇于追求真理，敢于突破难题，不断提高同学们的专业水平和创新能力。

在讲授时强调站内电码化技术是保障铁路行车安全和效率的重要手段，它直接关系到人民群众的生命财产安全和国家经济社会发展。引导同学们树立责任感和使命感，牢记自己是社会主义建设者和接班人，严格遵守法律法规和职业道德规范，做到安全第一、质量第一、服务第一。

8

列车运行控制技术

教学内容和思政融合设计

序号	教学内容	思政映射与融入点
1	绪论	控制是世界万物有序运行的必要手段 案例1：中国第一条重载铁路大秦铁路、中国遨游太空的北斗系统、中国潜游海底的蛟龙号处处彰显出控制技术的强大，唯有施加控制，万物才能和谐有序。
2	知识点：列车运行	万物姿态变化源于受力 案例2：以视频动画的形式呈现中国高铁的出站、进站的运行姿态，看运行的列车如何实现启停速度的变化，启迪同学们世界万物的姿态变化源于自身受力。
3	知识点：行车闭塞	操千曲而后晓声，观千剑而后识器 案例3：文人听曲识音前需多次演奏获取音律，武将见兵识器前需观看千余剑器获得器感，世间欲行其事必先获取全面的信息，方可胸有成竹。
4	知识点：速度防护	控制是世界万物有序运行的必要手段 案例4：中国第一条重载铁路大秦铁路、中国遨游太空的北斗系统、中国潜游海底的蛟龙号均处处彰显控制技术的强大，万物唯有施加控制，才能和谐有序。
5	知识点：速度监控曲线	三人行，必有我师焉 案例5：古人游玩，同行者各有千秋。列车速度曲线，意义各有所指，识曲线意义，悟控车策略。

案例1 基于脉冲速度传感器和应答器的高速列车定位

【课程名称】列车运行控制技术

【教学内容】基于脉冲速度传感器和应答器的高速列车定位

【案例意义】讲授如今高速列车定位现状，启发思考未来列车定位发展。

教学过程

1. 问题导入

基本上每位同学都乘坐过高铁出行，全国范围内铁路线数量很多且纵横交错，开往不同方向的高铁在铁路上同时运行，是怎么样保证同一线路上的高铁不发生相撞事故的呢？其中的关键之一就是通过列车定位技术实时获得列车的位置。为了消除列车定位的陌生感，指出高速列车的定位有其特殊性——轨道导向，使得高速列车的定位可被看成一维定位。针对一维定位问题，让同学们进行分组研讨，指出自己可以想到的一维定位方法。每个小组派代表进行发言，为同学们学习高速列车定位打下基础。

2. 讲授正文

为了帮助同学们更好地理解高速列车定位，启发同学们思考，先从定位的基础概念引入，如图 8-1 所示，再与高速列车的专业背景结合，引导同学们逐步思考、逐步学习。

图 8-1 列车运行需要定位

(1)讲述定位的概念为确定该物体的位置，即我们知道该物体具体存在于哪个位置，比如课本在我面前书桌的右上角，某高速列车在长沙南站某站台。

采用分组的方式，让同学们讨论如何确定高速列车在一条铁路线上的具体位置，充分调动同学们的积极性。

(2)讲述确定一个物体的位置可采用两种方式。一是直接给出该物体的具体坐标，在地图上可明确得到；二是给出一个已知点坐标，指出该物体相对于已知点的具体坐标。对于高速列车而言，一是直接求出高速列车在铁路线上的经纬度坐标，就可以对高速列车进行定位；二是给出铁路线上已知点的坐标，比如长沙南站的坐标已知，同时又知道高速列车相对于长沙南站的位置变化，也可以对高速列车进行定位。这两种方法前者为绝对定位，后者为相对定位。

采用分组的方式，让同学们讨论可以通过哪些方法实现绝对定位和相对定位，随后请每组代表发言。

(3)讲述目前广泛使用的脉冲速度传感器+应答器的高速列车定位方法。分别讲述脉冲速度传感器的工作原理和应答器的工作原理，让同学们理解脉冲速度传感器可以获取高速列车速度和相对位移，应答器可以获取高速列车绝对位置坐标，两者结合可以实现高速列车的定位。

讲述脉冲速度传感器+应答器定位方法的误差来源，让同学们理解此类定位方式下高速列车位置由高速列车真实位置、车轮空转滑行误差、车轮轮径误差、应答器安装误差和应答器捕获误差等组成。

采用分组的方式，让同学们课下讨论如何补偿定位误差。

(4)讲述当前列车定位的最新研究，课后让同学们查阅其余列车定位方式，让同学们产生研究列车定位的兴趣。

同学们通过研讨和听讲，轻松地学习了高速列车定位的方式，明确了高速列车定位在列车运行中的重要作用，并通过思考和对当今列车定位前沿技术的了解，激发了对学习列车定位的兴趣。

3. 分析总结

以同学们较易理解的一维定位情景为切入点，在讲述的过程中以生活中日常接触的示例作类比，把同学们逐步引入高速列车定位的背景，讲述列车定位的基本要求，抛出问题激起同学们的探索精神，展示科学技术的魅力，激励同学们致力于国家建设。通过多次分组讨论，调动同学们学习的主动性，并在讨论后针对讨论的问题进行评价解答，采用抛出问题—讨论—解答的方式，不断调动同学们的学习积极性，促进师生间有效沟通交流。

案例 2 列车牵引力、阻力和制动力

【课程名称】列车运行控制技术

【教学内容】列车牵引力、阻力和制动力

【案例意义】溯源高速列车“动力”所在，使高速列车不再“陌生”。

教学过程

1. 问题导入

同学们都乘坐过高铁，也都经历过高铁出站时加速和进站时减速的情形，那么高铁加速的动力来自哪里，高铁减速的制动力来自哪里，动力和制动力又是怎么作用于高铁的呢？针

对高速列车如何进行加速和减速这一问题，进行研讨和学习，并采用案例引入进行知识点讲授，让同学们进行分组讨论，由浅入深，让同学们在直观上理解，在原理上明白，为学习列车运动学打下基础。

2. 讲授正文

为了帮助同学们更全面地了解高速列车的运行情况，课前播放高铁硬币立 8 分钟不倒视频，如图 8-2 所示，引入高速列车匀速运行的条件为牵引力等于阻力与制动力之和，引出要讲授的知识点：列车牵引力、阻力和制动力。

图 8-2　硬币在运行中的高铁稳定竖立

（1）讲述高速列车在运行过程中所受的力为列车牵引力、列车阻力和列车制动力，列车运行状态的变化取决于这三种力的大小关系。

采用分组的方式，让同学们讨论列车牵引力、列车阻力和列车制动力这三种力的大小关系有哪些，对应的列车运行状态是什么，并对同学们回答进行评价。

（2）讲述列车牵引力的来源，并带领同学们分析列车牵引力的来源。列车与外界接触的部分有车轮与钢轨的接触，引出列车的牵引力来自于车轮与钢轨间的作用力。

讲述列车车轮与钢轨接触如何产生的牵引力。为便于同学们理解，带领同学们分析列车车轮和钢轨间产生的牵引力是纵向向前的，明确这个力为列车的牵引力。

采用分组的方式，让同学们讨论分析在车轮和钢轨均为刚体的情况下，列车牵引力是一种什么类型的力。

（3）讲述列车牵引力是黏着力。在同学们讨论出在车轮和钢轨均为刚体的情况下列车牵引力是静摩擦力时指出，车轮与钢轨接触时会发生形变，不是理想的点接触，而是圆锥面接触，因列车运行时，车轮不是严格意义上的滚动，而是“滚中带滑”，因此列车牵引力是一种黏着力不是静摩擦力。指出黏着力的计算方法和影响因素。

采用分组的方式，让同学们讨论高速列车车轮和钢轨间的黏着力来自哪里，可延伸讲述牵引电机、动力转向架等相应知识点。

（4）讲述列车阻力和列车制动力。指出列车阻力包括哪些，特别指出随着高速列车运行速度的提高，空气阻力对列车运行影响，指出列车制动的方式有哪些。

采用分组的方式，让同学们讨论当列车牵引力和列车制动力大于黏着力时会发生什么现象。

(5)讲述列车空转、滑行的原因和危害。

课后让同学们搜集资料，讨论如何避免列车的空转和滑行。

3. 分析总结

以视频引入要讲授的知识点，在讲授的过程中由浅入深地进行引导，让同学们通过合作讨论得出简单的知识点，以此增加学习热情和研究性学习能力。相比于单纯的讲授，多次分组讨论，并对学生的回答进行评价，在鼓励学生积极思考的同时，也培养了学生的积极性。将复杂的知识点进行科学的简化，由简入繁，增强了学生们的批判思维能力，启发同学们的思维。

案例 3 行车闭塞的来世今生

【课程名称】列车运行控制技术

【教学内容】行车闭塞的来世今生：当下与未来

【案例意义】“描绘”高速列车运行“限制”，万物皆需规则制约。

教学过程

1. 问题导入

同学们大多数都有过在站台乘坐高铁的经历，可以发现在站台乘车时，如图 8-3 所示，是什么原因造成在车站内一个站台只允许停靠一次列车呢？同时停靠多次列车不是可以提高乘客上下车换乘的效率吗？为什么高铁不能像公交车一样运行呢？针对这些问题开展关于行车闭塞相关内容的讲授，向同学们展示科学技术的魅力，让同学们带着问题听课，在课上组织分组讨论，为同学们学习速度防护打下基础。

2. 讲授正文

为了让同学们更加清晰地了解行车闭塞的背景，播放高速列车在车站换乘的视频和公交车在车站换乘的视频，引出高速列车为什么要采用行车闭塞。

(1)讲述高速列车和公交车采用不同换乘方式的原因。引入高速列车运行的背景，在为同学们解答疑惑的同时，也向同学们讲述了铁路相关的背景知识，与此同时也引出了要讲述的行车闭塞的知识点，在课堂开始前激发同学们的学习兴趣和积极性。

(2)讲述闭塞的概念。指出行车间隔控制分为时间间隔控制和空间间隔控制，引出区间、闭塞的概念。

采用分组的方式，让同学们讨论现在高铁采用的行车控制间隔为时间间隔控制还是空间间隔控制，最后明确如今高铁采用的间隔控制为空间间隔控制。

(3)讲述闭塞的分类。指出闭塞按照发展过程和实现方式，分为人工闭塞、半自动闭塞、自动站间闭塞和自动区间闭塞，讲述每种闭塞方式的概念和特点，重点讲述自动站间闭塞和自动区间闭塞。

图 8-3　公交车一个站台可以停靠多辆车，列车一个站台只能停靠一辆车

采用分组的方式，让同学们讨论自动站间闭塞和自动区间闭塞的优缺点，明确自动区间闭塞可以实现站间列车追踪，且自动站间闭塞是广泛采用的闭塞方式，可称自动区间闭塞为自动闭塞。

（4）讲述固定闭塞。指出固定闭塞概念，讲述固定闭塞可分为三显示自动闭塞、四显示自动闭塞和多显示自动闭塞，重点指出三显示自动闭塞为进路式信号，四显示自动闭塞和多显示自动闭塞信号包含有速度信息。

采用分组的方式，让同学们讨论想要保证同一线路的两次列车安全行驶，两车之间间隔应为多少，明确追踪间隔的概念和计算方法。

（5）讲述虚拟闭塞和移动闭塞。指出固定闭塞的优缺点，引出要提高行车效率需采用移动闭塞的方式，指出地铁已采用 CBTC，高速列车还采用固定闭塞。

课后让同学们搜集资料，探索高速列车移动闭塞，激发同学们学习的乐趣。

3. 分析总结

以高速列车和公交车采用不同的换乘方式引出行车闭塞的知识点，让同学们带着问题听课，将知识点与生活中常见的现象结合，在讲授知识点的同时解释了现实生活中的现象，提高了同学们继续学习的积极性，也向同学们展示了科学技术的魅力。最后将同学们引向当今研究热点，鼓舞同学们积极探索，为国家科学技术发展贡献出自己的力量。

案例 4 速度防护

【课程名称】列车运行控制技术
【教学内容】速度防护
【案例意义】剖析速度防护控制，高速列车运行速度控制不再神秘。

教学过程

1. 问题导入

同学们在乘坐高铁时可以看到每节车厢会实时显示当前列车的运行速度，那么高铁在区间的运行速度由什么控制呢，为什么不能像自己开车一样自由呢？针对高速列车的速度控制进行讨论，以同学们自己日常生活中驾驶汽车为例，给同学们抛出问题，让同学们分组讨论，带着问题和自己的思考听课，逐步拨开高速列车速度防护的“神秘面纱”，让同学们在感受科学技术魅力的同时，激起学习和探索的兴趣。

2. 讲授正文

为了让同学们对高速列车速度防护有直观的理解，给同学们讲述日常生活中在高速公路驾驶汽车的例子，以开小汽车要遵守限速为例，引入高速列车速度防护的讲述，如图 8-4 所示。同时将行车闭塞和速度防护相结合，行车闭塞可限制高速列车以什么样的速度进入闭塞分区，但在闭塞分区内高速列车以什么样的速度行驶呢？课前抛出问题，让同学们带着问题听课。

图 8-4 高速列车的速度防护

(1) 讲述速度监督的含义和分类。指出传统闭塞控制中由司机根据机车信号含义判断控制列车的弊端，引出速度监督的必要性和速度监督的两种形式。

采用分组的方式，让同学们讨论速度监督控制的是列车的牵引力还是制动力，明确速度监督并控制列车速度依靠的是列车制动力。

(2)讲述阶梯控制中的入口速度检查和出口速度检查。指出入口速度检查和出口速度检查的区别，通过入口速度控制和出口速度控制的速度曲线对比，明确两种控制方式的不同，指出入口速度检查是提前速度控制方式，出口速度检查是滞后速度控制方式。

讲述真实列车事故案例，给同学们指出高速列车速度控制的重要性，科研人员在研发ATP时的严谨态度，培养同学们严谨仔细的学习习惯。

(3)讲述速度-距离曲线控制方式。明确速度是高速列车运行速度；距离是制动距离，是与目标点之间的制动距离。指出其与阶梯控制的最大区别是不仅体现了信号系统速度的含义，还包含了距离含义。

采用分组的方式，让同学们讨论速度-距离曲线控制中的制动距离目标点可以选择哪些，指引大家思考速度-距离曲线控制可根据目标点不同而具有不同的制动距离。

(4)讲述速度-距离控制方式的分段曲线控制和目标距离控制。明确分段曲线控制的目标点为前一闭塞分区的入口并将闭塞分区速度-距离曲线组合，目标距离控制的目标点与行车闭塞方式有关，固定闭塞是前一列车所在闭塞分区的入口，移动闭塞是前车的尾部，由此得出两种控制方式的不同。

向同学们强调速度防护关乎安全，ATC中的技术包含无数案例和经验，其背后是科研人员的辛勤付出，激励大家用自身所学回报社会和国家。

3. 分析总结

以同学们乘坐高铁时的见闻为例，引入高速列车的速度防护。在讲述知识点过程中，强调列车控制技术的来之不易，来自科研人员的埋头钻研，潜移默化指引同学们前进，激发同学们爱国意识。采用抛出问题和分组讨论相结合的方式，指引同学们有效思考，激发同学们学习热情，增强同学们团结协作、互帮互助的意识。

案例5 速度监控曲线

【课程名称】列车运行控制技术

【教学内容】速度监控曲线

【案例意义】分析速度监控曲线，使“开车”可感可想。

教学过程

1. 问题导入

同学们在乘坐高铁时可能会遇到下雨、下雪等天气，这时高速列车的行驶速度会下降，同一次列车在不同的线路上运行时行驶速度也会不相同，这与什么有关呢？针对高速列车行驶速度由什么决定进行讲授，在课前构建情景，抛出问题，以讲述和问答的形式带领同学们感受高速列车速度监控曲线的奇妙，让同学们感受一件平凡的事后面有着无数人的努力和付出，激发同学们的学习热情和探索精神。

2. 讲授正文

为了让同学们更好理解列车速度监控曲线，在讲述时多结合示意图进行讲授，如图 8-5 所示。

图 8-5 列车在弯道时的速度限制

(1) 讲述速度监控曲线概念，指出速度监控曲线由顶棚速度监控区、目标速度监控区和安全距离区三部分组成。

以分组的形式，让同学们讨论顶棚速度监控区、目标速度监控区和安全距离区三部分曲线在形状上有什么特点，先以直观的形式帮助同学们理解和学习。指出顶棚速度监控区的速度为常值。

(2) 讲述顶棚速度监控曲线。指出在顶棚速度监控区域内，列车运行速度应综合考虑各种静态速度限制因素，讲述静态限制速度、临时限速和最限制速度曲线的生成。

以分组的形式，让同学们讨论并绘制最限制速度曲线，让同学们在学习知识点的同时，明白在实际生活应用中，每件看起来微不足道的小事都需要考虑众多的因素，任何事情成功的背后都有着数不清的细节支撑，激励同学们做事情要认真，中国高铁领先于世界这一成绩来之不易，增强同学们的责任意识。

(3) 讲述目标速度监控区。指出目标速度监控区车载设备不只计算一条曲线，会同时计算允许速度曲线、告警曲线、常用制动触发曲线和紧急制动触发曲线。

以分组的形式，让同学们讨论允许速度曲线、告警曲线、常用制动触发曲线和紧急制动触发曲线这四种曲线的速度值关系，明确安全是第一要求。增强学生们的安全意识，增强同学们的沟通和协作能力。

向同学们讲述高速列车司机驾驶列车的例子，指出一个岗位背后有着众多科技结晶，每一步操作的简化有着科技的进步，每一个步骤进行有着重要的意义，培养同学们的责任意识和奉献意识，调动同学们的学习积极性。

3. 分析总结

借助同学们容易理解的示意图讲解知识点，以直观的形式将同学们带入知识点背景，针对同学们感兴趣的知识点进行讨论，充分激起同学们的学习热情和求知欲。以高速列车司机的例子拉近同学们与知识点间的距离，减少同学们对课本知识点的陌生感，调动同学们自主学习的积极性，同时培养同学们的责任意识和奉献意识。

9

测试技术与信号处理

教学内容和思政融合设计

序号	教学内容	思政映射与融入点
1	第 1 章：绪论	由传感器引申到传感器关键技术被国外垄断，培养学生的爱国情怀和对科技创新重要性的认识，让学生体会自力更生、艰苦奋斗的重要性。
2	第 2 章：信号及其描述	由时域频域引申到事物的多样性，进而引申到马克思主义真理观。
3	第 3 章：测试系统的基本特征	由负载效应及干扰引申到正确面对学习工作及生活中的外部压力，引导学生用正确的、科学的手段缓解压力，从而有更好的心态去完成自己的学业和工作。
4	第 4 章：信号变换调理与显示	由理想滤波器不能实现引申到理想与现实的关系，让学生加深对理想信念的认识，明白理想与现实的矛盾，理解实现理想的长期性、艰巨性和曲折性，进而培养学生艰苦奋斗的精神。
5	第 5 章：信号分析与处理	由自相关及互相关的性质和作用引申到做人不仅要与自己对比，还要与他人对比，这样才能正确地认识自我。
6	第 6 章：感知“智能”	溯源智能手机中的“智能”，使智能可感可知。

案例 1　由传感器到“芯片垄断”

【课程名称】测试技术与信号处理

【教学内容】常用传感器和“芯片垄断”

【案例意义】由常用传感器引申到传感器关键技术被国外垄断，培养学生的爱国情怀和对科技创新重要性的认识，让学生体会自力更生、艰苦奋斗的重要性。

教学过程

1. 问题导入

在本节课开始之前，学生已经了解了测试技术以及测试系统的基本概念，需要进一步了解传感器及其未来发展方向，其中集成化智能传感器需要微处理器的支持。而如今美国对华芯片限制，智能传感器的发展也受到影响，通过案例的讲解让学生意识到科技创新的重要性，由此培养学生的爱国情怀和艰苦奋斗精神。

2. 讲授正文

自古以来人们就会采用一些标准来对客观事物进行测量。20 世纪中期以后，随着自动控制理论的产生和自动控制技术的成熟，以 A/D（数字/模拟转换）环节为基础的数字式仪器得到快速发展。最先出现的测试仪器是模拟式电工仪表；20 世纪 60 年代产生了以电子管/晶体管为基础的第二代测试仪器——分立元件模拟式仪表；20 世纪 70 年代出现了以集成电路芯片为基础的第三代仪器——数字式仪表；20 世纪 80 年代以微处理器为中心的第四代仪器——智能式仪表迅速普及；20 世纪 90 年代，测试技术与计算机技术的深层次结合引起了测试仪器领域里一场新的革命，产生了第五代仪器——集成及虚拟仪器。

如图 9-1 所示，虽然目前这五代仪器仍都在使用，但 21 世纪将是集成及虚拟仪器的时代。

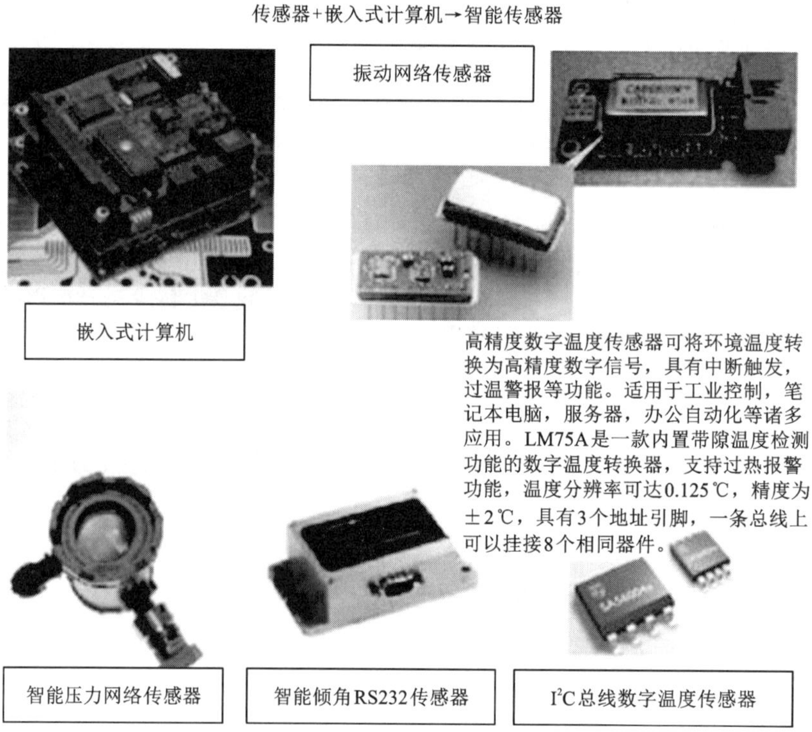

图 9-1　部分智能传感器

进入新世纪以来，随着计算机技术、电子技术、自动化技术和通信技术的整体进步，电子测量技术已经具备了一个较为成熟的发展环境，整个测量的精度和效率与日俱增。在我国工业化、信息化进程以及下游电子制造、通信及信息技术、航空航天等相关产业的升级带动下，中国电子测试测量仪器需求保持稳定的增长，尤其是5G行业的快速发展，将打破电子测量行业的天花板。从中国电子信息产业统计年鉴中可以看出，近年来，中国测试测量仪器每年都以超过30%的速度在快速增长，催生了许多测试行业新创企业。但由于国内本土测量仪器行业起步较晚，主营电子测试测量仪器的国有企业数量少，其中以中电仪器独大，民营企业发展情况也不尽相同，大部分民营企业仍处于仿制研发的阶段，仅有小部分企业走向应用研发的转型之路。目前我国规模以上生产微波毫米波、大带宽的高端电子测试测量仪器仪表企业仅2家。面对国内如此巨大的电子测试测量仪器市场需求，国内市场却仍掌握在国外仪器仪表厂商手中，等待国内本土企业填补。而当前华为和中兴是中国知名的通信设备制造商，在全球范围内拥有广泛的影响力。随着科技创新的发展，这两家公司也开始在芯片领域发挥越来越重要的作用。华为和中兴不仅在通信芯片领域拥有自主研发的能力，而且也在其他领域取得了突破性的进展。然而华为和中兴在芯片领域的发展面临着来自国外厂商的激烈竞争，同时也受到了国际贸易壁垒和技术封锁的影响。这种局面表明，中国企业需要加大科技创新力度，加强自主研发能力，才能在全球市场中立于不败之地。因此，芯片是我国的“卡脖子”技术，需要大量的科研人员进行攻关。因此我们要认识到科技创新的重要性，发挥自己的创造力和想象力，努力探索新的技术领域，推动科技创新，为实现中国梦做出贡献。

3. 分析总结

传感器是《测试技术与信号处理》课程的基础，理解传感器的实现原理以及选用将在第三章中重点讲述。而在绪论中，需要让学生理解传感器对于测试系统的重要性，提高学生对本课程的认知。通过加入华为和中兴的内容，可以进一步激发学生的爱国情怀和认识科技创新的重要性，提高学生对科技创新的关注度和理解力，为未来的科技创新和发展打下坚实的基础。

案例 2 由时域频域到多角度看问题

【课程名称】测试技术与信号处理

【教学内容】信号及其描述

【案例意义】信号的时域和频域本质上是同一个问题的不同表现形式，由此可以引申到真理的形式，让学生明白客观性是真理的本质属性，但真理的形式是主观的。

教学过程

1. 问题导入

时域是信号在时间轴随时间变化的总体概括。频域是把时域波形的表达式做傅里叶变换得到复频域的表达式，用以描述频率变化和幅度变化的关系。信号的时域和频域本质上是同一个问题的不同表现形式，有些问题在时域中得不到解答，但在频域内就可以找到更多信息，从而找到解决方法。由此可以引申到真理的形式，让学生明白客观性是真理的本质属性，但真理的形式是主观的。

2. 讲授正文

频域是把时域波形的表达式做傅立叶等变化得到复频域的表达式，所画出的波形就是频谱图，是描述频率变化和幅度变化的关系。

示波器用来看时域内容，频谱仪用来看频域内容。

时域（time domain）——自变量是时间，即横轴是时间，纵轴是信号的变化。其动态信号 $x(t)$ 是描述信号在不同时刻取值的函数，如图 9-2（a）所示。

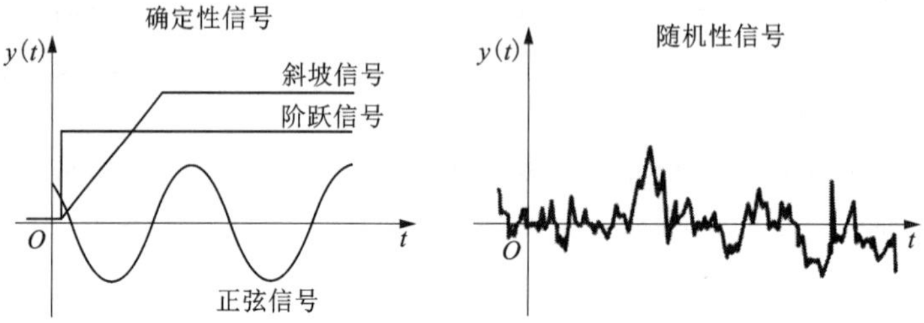

(a) 时域描述：反映信号随时间变化

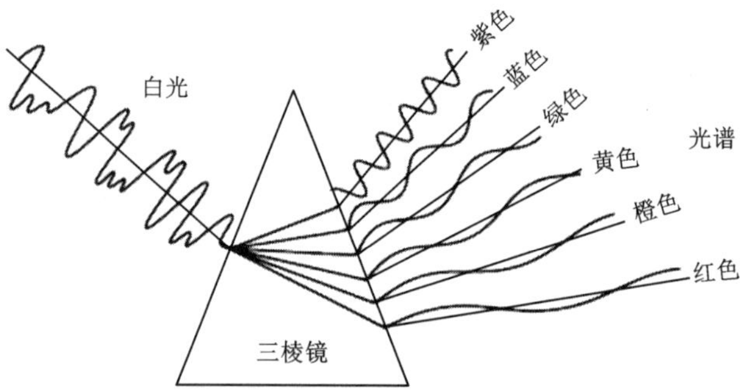

(b) 频域描述：反映信号的组成成分

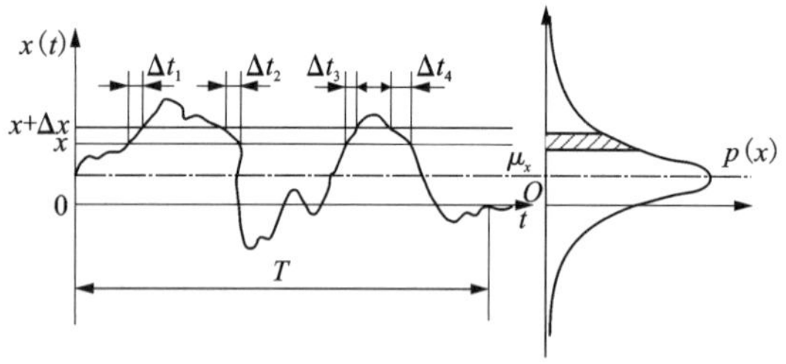

(c) 幅值域描述：反映信号幅值大小的分布

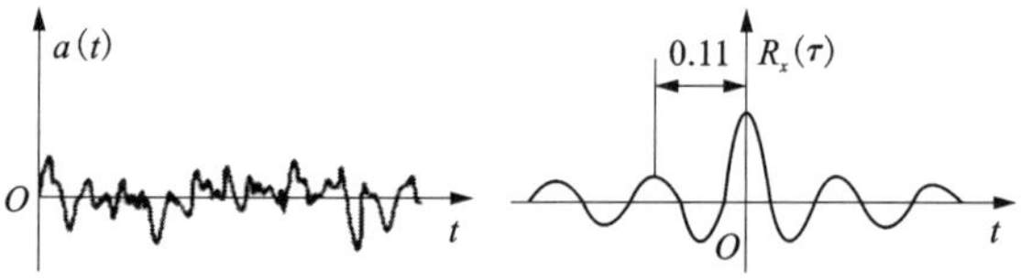

(d) 时延域描述：反映信号间的相互关系

图 9-2 信号的分类与描述

频域（frequency domain）——自变量是频率，即横轴是频率，纵轴是该频率信号的幅度，也就是通常说的频谱图，如图 9-2（b）所示。频谱图描述了信号的频率结构及频率与该频率信号幅度的关系。对信号进行时域分析时，有时一些信号的时域参数相同，但并不能说明信号就完全相同。

因为信号不仅随时间变化，还与频率、相位等信息有关，这就需要进一步分析信号的频率结构，并在频率域中对信号进行描述。动态信号从时域变换到频域主要通过傅里叶级数和傅里叶变换等来实现。

时域分析的函数是参数是 t，也就是 $y=f(t)$，频域分析时，参数是 w，也就是 $y=F(w)$。两者之间可以互相转化。时域函数通过傅里叶变换或者拉普拉斯变换就变成了频域函数，如图 9-3 所示。

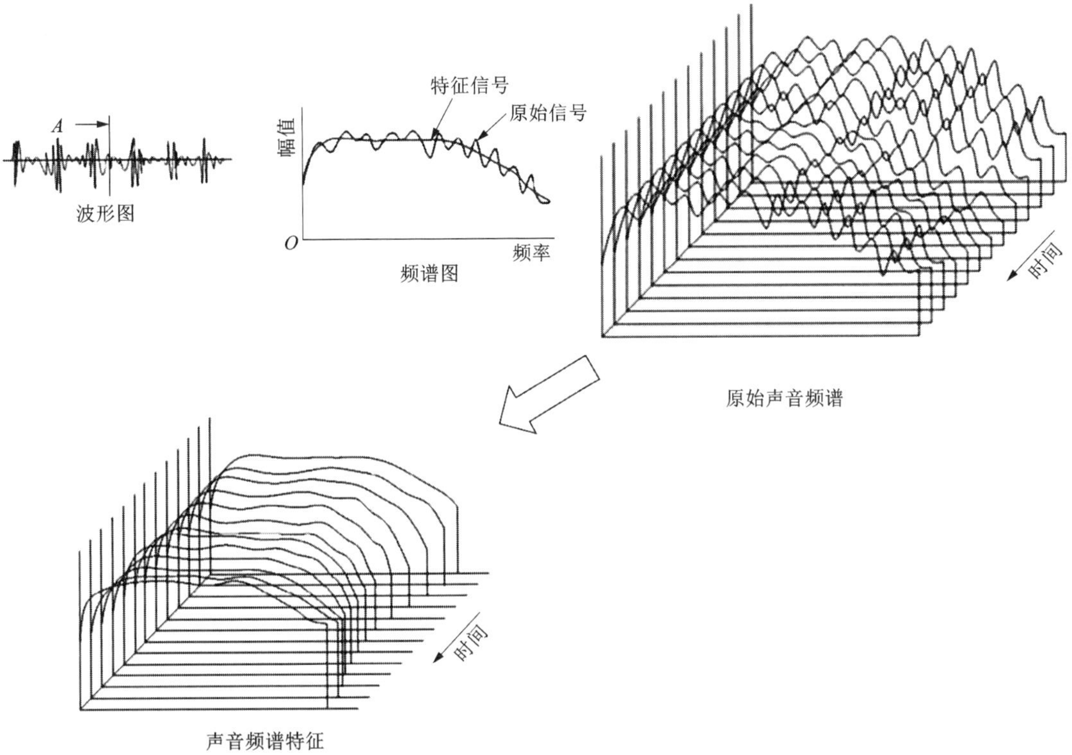

图 9-3　周期信号的频谱分析

幅值域(magnitude domain)——以信号幅值为自变量所作的各种处理称为信号的幅值域分析，主要包括概率密度曲线、直方图和概率分布曲线等。其中概率密度曲线的横坐标为信号幅值 $x(t)$，纵坐标为信号幅值的概率密度 $p(x)$，反映了信号不同幅值大小出现的概率，如图 9-2(c)所示。

时差域(time difference domain)——自变量是时差，即横轴是时差 τ，纵轴是信号的相关函数 $R(\tau)$，如图 9-2(d)所示。时差域相关分析是测试信号分析中常用的一种用于确定两个信号间关系程度或相似程度的方法，广泛用于信号分离、信号时延估计和目标定位等工程应用场合。

由此可以看出，信号的时域和频域本质上是同一个问题的不同表现形式，有些问题在时域中得不到解答，但在频域内就可以找到更多信息，从而找到解决方法。这一点和马克思主义哲学中真理的概念相通：信号的时域和频域都是真理，信号是客观事物。马克思主义认为，真理是标志主观与客观相符合的哲学范畴，是对客观事物及其规律的正确反映。所谓正确反映，是指真理是在实践的基础上主体认识对客体本质和规律的符合、一致和接近。客观性是真理的本质属性，但真理的形式又是主观的。既不能因为真理的客观性而把真理等同于客观实在，也不能因为真理具有主观形式而把真理误认为主观产物。

3. 分析总结

信号的时域和频域是《测试技术与信号处理》课程中最基本、最重要的概念，充分理解时域和频域的概念以及两者之间的关系，是学习该门专业课的基础。引入马克思主义真理观，可以让学生结合已学的哲学理论降低理解概念的难度，与此同时可以进一步巩固学生对马克思主义真理观的认识，从而学会辩证地看待问题，学会理论与实际相结合的方法。

案例 3 由负载效应及干扰到正确面对压力

【课程名称】测试技术与信号处理

【教学内容】测试系统的基本特征

【案例意义】负载效应是由于负载的变化而引起输出稳定量的变化的效应。测量系统和被测对象之间、测量系统内部各环节之间互相连接必然产生相互作用。而测量过程中干扰的影响通常表现为仪器读数的显著偏大或偏小，读数不稳，随机跳动，严重时甚至仪器不能正常工作以致损坏仪器，使测量无法进行。由此可以引申到正确面对学习工作及生活中的外部压力，引导学生用正确的、科学的手段缓解压力，从而有更好的心态去完成工作，热爱生活。

教学过程

1. 问题导入

本案例所述内容为第二章中间部分的内容，学生在了解到测试系统概述、测试系统动态响应特性、系统不失真测量的条件、典型系统的频率响应特性等知识点后，需要理解负载效应及干扰对测试系统的影响。由此引申到正确面对学习工作及生活中的外部压力，用正确的、科学的手段缓解压力，从而有更好的心态去完成工作，热爱生活。

2. 讲授正文

负载效应是由于负载的变化而引起输出稳定量变化的效应。测量系统和被测对象之间、测量系统内部各环节之间互相连接必然产生相互作用。接入的测量装置，构成被测对象的负载；后接环节总是成为前面环节的负载，并对前面环节的工作状态产生影响。两者总是存在着能量交换和互相影响，以致系统的传递函数不再是各组成环节传递函数的叠加(如并联时)或相乘(如串联时)。

如图 9-4 所示，R_2 的压降 $U_0=\dfrac{R_2 \cdot E}{R_1+R_2}$，为了测得该电压值，在 R_2 两端并联一个内阻为 R_m 的电压表，测到的电压值为

$$U=\frac{R_m R_2 \cdot E}{R_1(R_m+R_2)+R_m R_2}$$

若 $E=200$ V，$R_1=R_2=100$ kΩ，当 $R_m=100$ kΩ 时，则 $U_0=100$ V，$U=67$ V，相对误差达到 33.3%；若 $R_m=1$ MΩ，则 $U=99.95$ V，误差为 5%。

由此可以看出，测试仪器本身也会对被测试系统的结果造成影响。那么该如何减小负载效应呢？

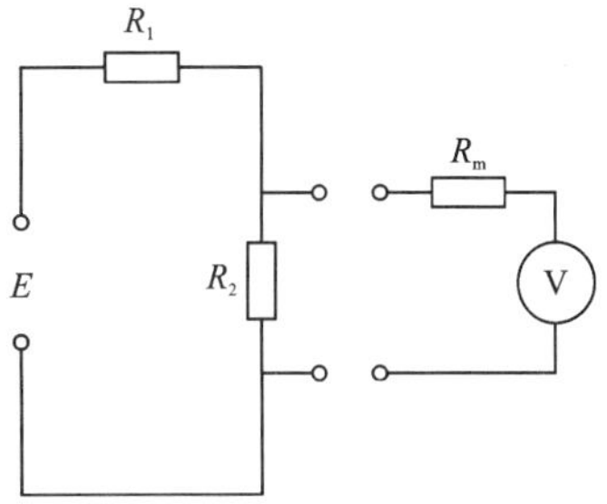

图 9-4 直流电路中的负载效应

减小负载效应的方法有以下几点：

(1) 提高后续环节(负载)的输出阻抗；

(2) 在原来两个相联接的环节之中，插入高输入阻抗，低输出阻抗的放大器，一边一方面减小从前面环节吸收能量，另一方面在承受后一环节(负载)后又能减小电压输出的变化，从而减轻总的负载效应；

(3) 使用反馈或零点测量原理，使后面环节几乎不从前环节吸收能量。

负载效应是一种必须考虑的现象，因为它会影响到测量的实际结果。通过适当选择测试装置的各项参数，使之与被测系统阻抗匹配；同时也可采用频域分析的手段，如傅里叶变换、均方功率谱密度函数等，将这种效应降至最小。

此外测量过程中还会遇到干扰，它的影响通常表现为仪器读数的显著偏大或偏小，读数不稳，随机跳动，严重时甚至仪器不能正常工作以致损坏仪器，使测量无法进行。

干扰的来源：空间干扰、测量过程通道干扰、供电系统的干扰。

干扰的途径：寄生耦合(公共阻抗耦合、分布电容/电感耦合)、分布电容耦合。

干扰的抑制方法：避免或减小干扰源的影响，合理设计地线，减小公共耦合电源内阻的影响，减小传输通道长线的影响，减小分布参数的影响。

由负载效应及外部干扰，我们也可以联想到在现实生活中，难免会遇到一些压力和挫折，它们就好像测试系统中的负载和干扰，会影响到我们自身。因此我们也要像调试测试系统一样，找到合理的方法来减少它们对自己的影响，用正确的、科学的手段缓解，从而有更好的心态去完成工作，热爱生活。

3. 分析总结

通过对负载效应及干扰的讲解，阐述了测试过程中可能导致结果不准确的原因及解决的方法，进而引申到让学生正确看待压力和挫折，培养良好的心态，用积极、科学的态度来面对。

案例 4 由理想滤波器到辩证看待理想与现实

【课程名称】 测试技术与信号处理

【教学内容】 滤波器

【案例意义】 由理想滤波器不能实现引申到理想与现实的关系，让学生能正确对待理想与现实。

教学过程

1. 问题导入

本章节学生已经学习了电桥、调制与解调的概念和原理。在解调的过程中，需要对特定频率的信号进行过滤，由此引出滤波器。通过讲述滤波器的概念和原理，让学生明确理想滤波器是现实中不存在的事物，通过此知识点让学生进一步明确理想与现实的辩证关系。

2. 讲授正文

滤波器是一种选频装置，可以使信号中特定频率成分通过，而极大地衰减其他频率成分。滤波器根据其选频作用分为低通滤波器(low pass filter)，高通滤波器(high pass filter)，带通滤波器(band pass filter)和带阻滤波器(band stop filter)，如图 9-5 所示。

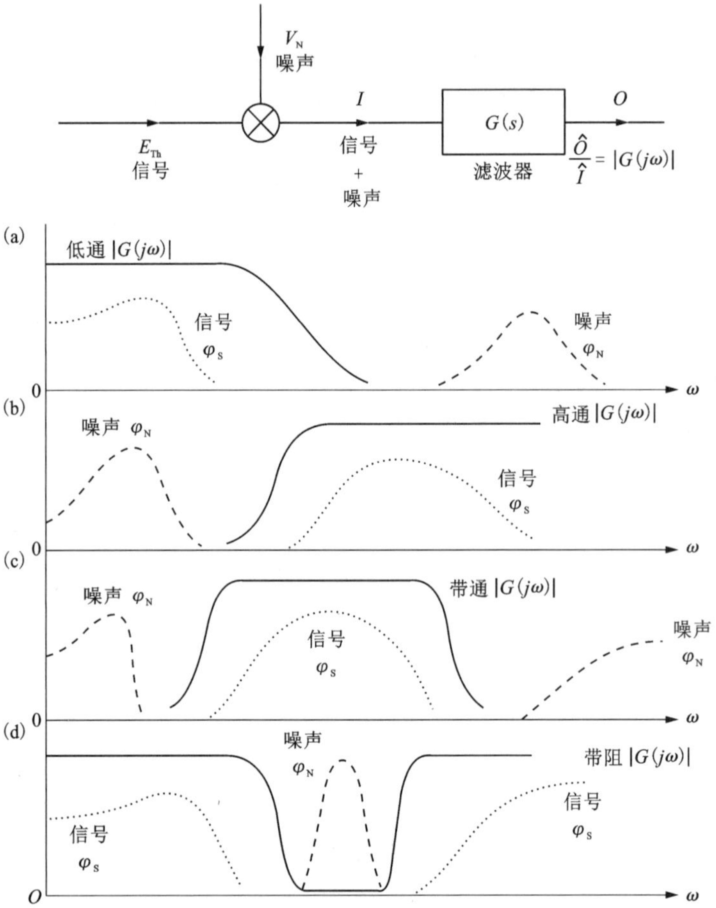

图 9-5　4 种滤波器的选频作用

理想滤波器是指能使通带内信号的幅值和相位都不失真，阻带内的频率成分都衰减为零的滤波器：

$$|H(f)|=\begin{cases}A_0, & -f_c<f<f_c\\ 0, & 其他\end{cases}$$

$$\varphi(f)=-2\pi f t_0$$

在频域为矩形窗函数的“理想”低通滤波器的时域脉冲响应函数是 sinc 函数。如无相角滞后，即 $t_0=0$，则 $h(t)=2Af_c\dfrac{\sin(2\pi f_c t)}{2\pi f_c t}$，可以看出 $h(t)$ 具有对称的图形。

$$|H(j\omega)|=\begin{cases}1, & |\omega|<\omega_c\\ 0, & |\omega|>\omega_c\end{cases}=u(\omega+\omega_c)-u(\omega-\omega_c)$$

$$\varphi(\omega)=-\omega t_0$$

即

$$H(j\omega)=\begin{cases}1\cdot e^{-j\omega t_0}, & |\omega|<\omega_c\\ 0, & |\omega|>\omega_c\end{cases}$$

其中 ω_c 为截止频率，将 $H(j\omega)$ 代入 $h(t)$ 得：

$$\begin{aligned}h(t)&=\frac{1}{2\pi}\int_{-\infty}^{\infty}H(j\omega)e^{j\omega t}d\omega\\&=\frac{1}{2\pi}\int_{-\omega_c}^{\omega_c}1\cdot e^{-j\omega t_0}e^{j\omega t}d\omega\\&=\frac{1}{\pi}\cdot\frac{1}{t-t_0}\cdot\frac{1}{2j}[e^{j\omega_c(t-t_0)}-e^{-j\omega_c(t-t_0)}]\\&=\frac{\omega_c}{\pi}\cdot\frac{\sin[\omega_c(t-t_0)]}{\omega_c(t-t_0)}\\&=\frac{\omega_c}{\pi}\cdot\mathrm{sinc}[\omega_c(t-t_0)]\end{aligned}$$

理想低通滤波器的脉冲响应函数 $h(t)$ 的波形如图 9-6 所示。

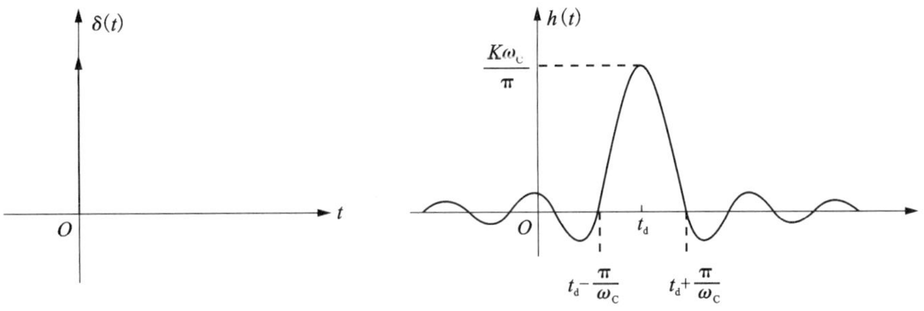

图 9-6　冲激函数及脉冲响应函数

由公式以及基本概念可知：

波形产生了失真 $h(t)$ 的主瓣宽度为$\dfrac{2\pi}{\omega_c}$，和截止频率成反比。

系统具有延时作用。

理想低通是一个非因果系统。

综上，理想低通滤波器是一个物理上不可能实现的系统。

因为$h(t)$是滤波器在$\delta(t)$作用下的输出，其图形却表明，在输入$\delta(t)$到来之前，即$t<0$，滤波器就有了与输入相对应的输出。显然，这违背了因果关系，任何现实的滤波器不可能有这种预知未来的能力，所以理想低通滤波器是不可能存在的。

可以推论，理想的高通、带通、带阻滤波器都是不存在的，但是我们可以采用与理想滤波器某些特性相近的滤波器来实现理想滤波器的需求，例如巴特沃斯滤波器关注幅值特性要求，相频特性不考虑，具有最大平坦性；切比雪夫滤波器关注幅值特性要求，通带起伏，阻带衰减陡峭；贝塞尔滤波器关心相频。这正如人生中理想与现实的关系，理想很丰满，现实很骨感。在追求理想的过程中，需要辩证看待理想与现实的矛盾：

（1）在理想现实关系上的错误认识

①用理想来否定现实，当发现现实并不符合理想的时候，就对现实大失所望，甚至对社会现实采取全盘否定的态度。②用现实来否定理想，在实现理想的过程中遇到困难，就觉得理想遥不可及，丧失为理想而奋斗的信心和勇气，甚至最终放弃理想。出现这些认识误区，从思想方法上讲，是由于不能辩证看待和处理理想和现实的矛盾。

（2）理想和现实的辩证关系

理想和现实存在着对立的一面，二者的矛盾和冲突，属于"应然"和"实然"的矛盾。不能把二者割裂开。理想和现实又是统一的。理想受现实的规定和制约，是在对现实认识的基础上发展起来的。一方面，现实中包含着理想的因素，孕育着理想；另一方面，理想中包含着现实，既包含着现实中必然发展的因素，又包含着由理想转化为现实的条件，在一定条件下，理想就可以转化成未来的现实。脱离现实谈理想，理想就会成为空想。

3. 分析总结

通过对滤波器原理的讲解进而阐述为什么理想滤波器不能存在，由此引申到理想与现实的辩证关系。让学生在理解滤波器相关知识点的同时，加深对理想信念的认识，明白理想与现实的矛盾，理解实现理想的长期性、艰巨性和曲折性，进而培养学生艰苦奋斗的精神。

案例 5 由相关性分析到正确认识自我

【课程名称】测试技术与信号处理

【教学内容】信号分析与处理

【案例意义】由自相关及互相关的性质和作用引申到做人不仅要与自己对比，还要与他人对比，这样才能正确地认识自我。

教学过程

1. 问题导入

本案例对应的章节为第 5 章信号分析与处理，本章需要学生掌握以下几点：

①数字信号处理基本知识；

②信号采样定理；

③信号截断、能量泄露；

④信号相关分析和功率谱分析。

其中相关分析是十分重要的概念，是课程的难点之一。在讲述相关分析概念及推导的同时，引入如何正确认识自我，从而帮助学生树立正确的人生观。

2. 讲授正文

相关指变量之间的线性关系，变量 x，y 之间的相关程度常用相关系数 ρ_{xy} 来描述。

$$\rho=\frac{\sigma_{xy}}{\sigma_x\sigma_y}=\frac{E[(x-\mu_x)(y-\mu_y)]}{\sqrt{E[(x-\mu_x)]^2E[(y-\mu_y)]^2}}$$

可以证明相关系数 ρ_{xy} 满足 $-1\leqslant\rho_{xy}\leqslant1$，当 $\rho_{xy}=\pm1$ 时，表明 x，y 两个变量完全相关；当 $\rho_{xy}=0$ 时，表明 x，y 两个变量完全无关；$0<|\rho_{xy}|<1$ 时，表明 x，y 两个变量部分相关。图 9-7 展示了变量 x 和 y 之间的几种不同相关程度的情况。

自然界中的许多事物之间都是有相关性的，例如玻璃管温度计液面高度(Y)与环境温度(x)的关系就是近似理想的线性相关，在两个变量相关的情况下，可以用其中一个可以测量的量的变化来表示另一个量的变化。

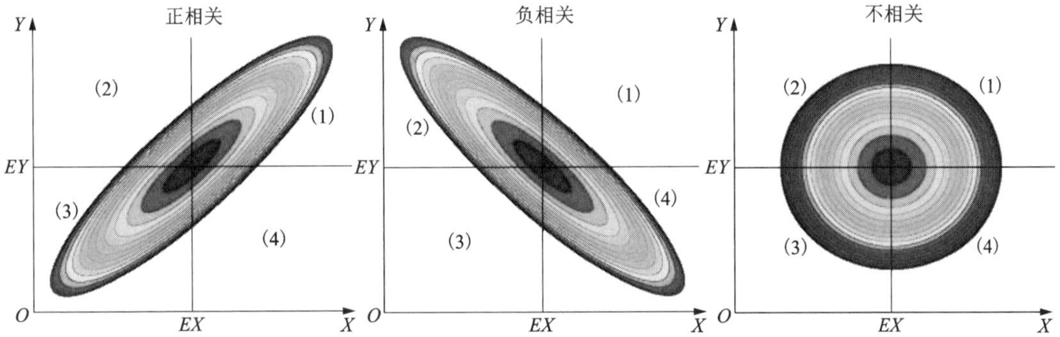

(a) 大致上有：X越大Y也越大，X越小Y也越小。总体上：$E(X-EX)(Y-ET)>0$

(b) 大致上有：X越大Y反而越小，X越小Y反而越大。总体上：$E(X-EX)(Y-ET)<0$

(c) 既不是X越大Y也越大，也不是X越大Y反而越小。总体上：$E(X-EX)(Y-ET)=0$

图 9-7 评价变量 x 和 y 间线性相关程度的经典方法

如果所研究的变量 x，y 是与时间有关的函数，即 $x(t)$ 与 $y(t)$，这时引入一个与时间位移 τ 有关的量，称为函数的相关系数 $\rho_{xy}(\tau)$。

$$\rho_{xy}(\tau)=\frac{\lim\limits_{T\to\infty}\frac{1}{T}\int_0^T[x(t)-\mu_x][y(t+\tau)-\mu_y]\mathrm{d}t}{\sigma_x\sigma_y}$$

分子是时移 τ 的函数，反映了两个信号在时移中的相关性。称为互协方差函数。

$$\begin{aligned}\sigma_{xy}(\tau)&=E[\{x(t)-\mu_x\}\{y(t+\tau)-\mu_y\}]\\&=\lim_{T\to\infty}\frac{1}{T}\int_0^T\{x(t)-\mu_x\}\{y(t+\tau)-\mu_x\}\mathrm{d}t\\&=R_{xy}(\tau)-\mu_x\mu_y\end{aligned}$$

其互相关函数为：

$$R_{xy}(\tau)=\lim_{T\to\infty}\frac{1}{T}\int_0^T x(t)y(t+\tau)\mathrm{d}t$$

计算时，令 $x(t)$、$y(t)$ 两个信号之间产生时差 τ，再相乘和积分，就可以得到 τ 时刻两个信号的相关性。

如果 $y(t)=x(t)$，可得自相关系数 $\rho_x(\tau)$，并有：

$$\rho_x(\tau)=\frac{\lim\limits_{T\to\infty}\frac{1}{T}\int_0^T[(x(t)-\mu_x)(x(t+\tau)-\mu_x)]\mathrm{d}t}{\sigma_x^2}=\frac{\lim\limits_{T\to\infty}\frac{1}{T}\int_0^T x(t)x(t+\tau)\mathrm{d}t-\mu_x^2}{\sigma_x^2}$$

定义自相关函数：

$$R_x(\tau)=\lim_{T\to\infty}\frac{1}{T}\int_0^T x(t)x(t+\tau)\mathrm{d}t$$

考虑一个正弦函数 $x(t)=x_0\sin(\omega t+\varphi)$ 的自相关：

$$\begin{aligned}R_x(\tau)&=\frac{1}{T}\int_0^T x(t)x(t+\tau)\mathrm{d}t\\&=\frac{1}{T}\int_0^T x_0^2\sin(\omega t+\varphi)\sin[\omega(t+\tau)+\varphi]\mathrm{d}t\end{aligned}$$

令 $\omega t+\varphi=\theta$，又 $T=\frac{2\pi}{\omega}$得

$$R_x(\tau)=\frac{x_0^2}{2\pi}\int_0^{2\pi}\sin\theta\sin(\theta+\omega\tau)\mathrm{d}\theta=\frac{x_0^2}{2\pi}\cos\omega\tau$$

可以看出自相关函数保留了幅值和频率信息，但是丢失了初始相位信息。

在工程测试中，自相关函数最主要的应用是检查混淆在随机信号中的确定性周期信号。

例如，在汽车进行平衡性试验时，测得汽车在某处的加速度的时间历程如图 9-8(a)所示。将此信号送入信号处理机处理，获得图 9-8(b)所示的相关函数。由相关图看出车身振动含有某一周期振动信号，从两个峰值的时间间隔为 0. 11 s，可算出周期振动信号的频率为：

$$f=\frac{1}{T}=\frac{1}{0.11}=9(\mathrm{Hz})$$

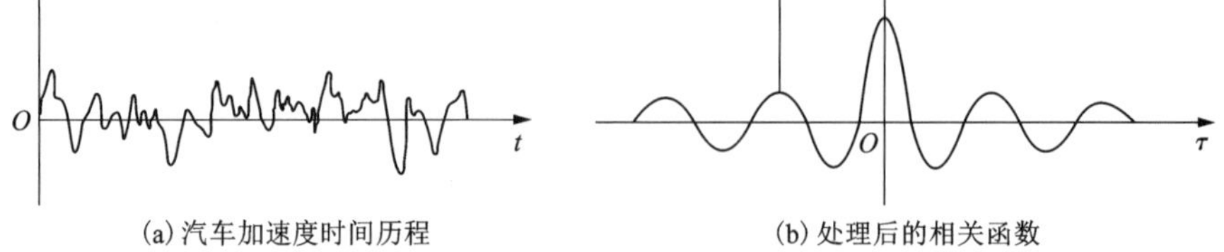

图 9-8 汽车平衡性试验周期振动信号检查

对 $x(t)$ 和 $y(t)$ 两个不同信号，定义互相关函数

$$R_{xy}(\tau)=\lim_{T\to\infty}\frac{1}{T}\int_0^T x(t)y(t+\tau)\mathrm{d}t$$

互相关系数：

$$\rho_{xy}(\tau)=\frac{\lim\limits_{T\to\infty}\frac{1}{T}\int_0^T[(x(t)-\mu_x)(y(t+\tau)-\mu_y)]\mathrm{d}t}{\sigma_x\sigma_y}$$

$$=\frac{\lim\limits_{T\to\infty}\frac{1}{T}\int_0^T x(t)y(t+\tau)\mathrm{d}t-\mu_x\mu_y}{\sigma_x\sigma_y}$$

$$=\frac{R_{xy}(\tau)-\mu_x\mu_y}{\sigma_x\sigma_y}$$

对 $x(t)=X_0\sin(\omega_1 t+\theta_1)$ 和 $y(t)=Y_0\sin(\omega_2 t+\theta_2)$ 求 $R_{xy}(\tau)$

$$R_{xy}(\tau)=\frac{1}{T}\int_0^T x(t)y(t+\tau)\mathrm{d}t$$

$$=\frac{1}{T}\int_0^T X_0\sin(\omega_1 t+\theta_1)Y_0\sin[\omega_2(t+\tau)+\theta_2]\mathrm{d}t$$

$$=0$$

即不同频不相关。

测量运动速度：互相关函数可用来测定汽车、炮弹、轧制钢带，以及导管内和风洞内气流的速度等。

例如要测定炮弹的速度，可在相距 1 m 的两处设置两个光电式传感器，炮弹通过时拾取反射光的信号做出互相关函数图，根据峰值出现的时间 τ_0，即可求得速度，如图 9-9 所示。

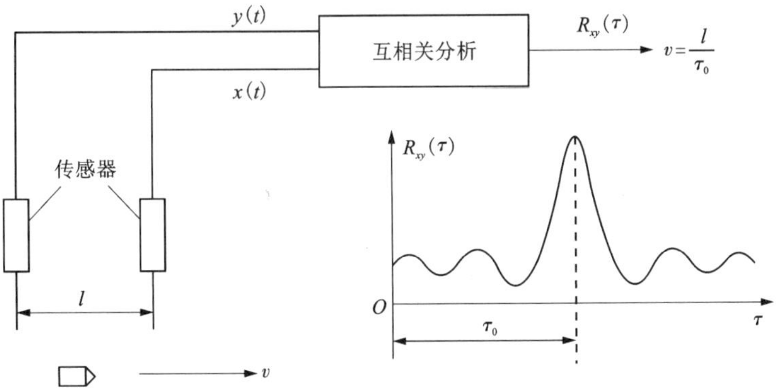

图 9-9 互相关分析

相关函数描述了两个信号间或信号自身不同时刻的相似程度，通过相关分析可以发现信号中许多有规律的东西，因此，要正确认识信号本身的特性，不仅要进行自相关分析，还要进行互相关分析，这和正确认识自我的思路是相通的：

首先，认识自己就需要用发展的眼光看待自己。事物总是发展变化的，没有一成不变的事物。我们每个人都在不断发展变化，我们的优点和缺点也在变化。这正如信号本身，在不同的时刻有着不同的特征，需要用自相关分析来了解不同时域的特点。因此，我们必须要用发展的眼光看自己，及时发现自己的新的优点和新的缺点，通过努力争取变缺点为优点，不断改正自己的缺点来完善自己。

其次，要通过他人了解自己。北宋著名文学家、“豪放派”词人苏轼写道：“不识庐山真面目，只缘身在此山中。”认识自己有时候的确比较难，当局者迷，旁观者清。与周围的人对比能帮助我们认识自己、了解自己。这正如互相关分析，需要和他人进行对比，才能理解自己与他人的相通之处及不同之处，由此可以看出自己的长处与不足，进而发扬和改进。

3. 分析总结

自相关和互相关是分析信号特性的重要方法，由此引申到用发展的眼光看待自己(自相关分析)以及通过他人了解自己(互相关分析)，在加强学生概念理解的同时，引导学生树立正确的人生观。

案例 6 智能手机中的传感器

【课程名称】测试技术与信号处理
【教学内容】智能手机中的传感器
【案例意义】溯源智能手机中“智能”，使智能可感可知。

教学过程

1. 问题导入

基本上每个同学都有一部智能手机，手机上五花八门的功能靠什么样的东西来支撑呢，那就是传感器。为了消除传感器的神秘感，针对创新性研讨课题“采用手机上不同类型的传感器对我们所能接触到的对象进行检测，并采用技术手段导出到 MATLAB 或 Labview 中进行显示或处理”进行研讨。6 个组分别用不同的工具提取了手机中加速度传感器、陀螺仪、磁(场)传感器、重力传感器、距离传感器、气压传感器在不同工况下的数据曲线，使同学们对传感器的工作过程及数据结果有了直观的印象，为同学们学习传感器原理打下了很好的基础。

2. 讲授正文

由于每个学生都有智能手机，也对赋予手机智能的硬件有好奇心，为解除学生心目中的疑团，采取分组方式，提取智能手机中的传感器信号进行处理并进行研讨，并采用 MATLAB App Designer 或 labVIEW 设计了漂亮的展示界面，成果丰硕，下面展示部分成果，如图 9-10、9-11、9-12 所示。

同学们通过互动探讨，轻而易举地理解了智能手机中有关智能的来源，明确了微型传感器在人工智能方面的巨大作用，并学会了使用 MATLAB App Designer 或 labVIEW 制作美观的界面，激起了学习的兴趣和激情。

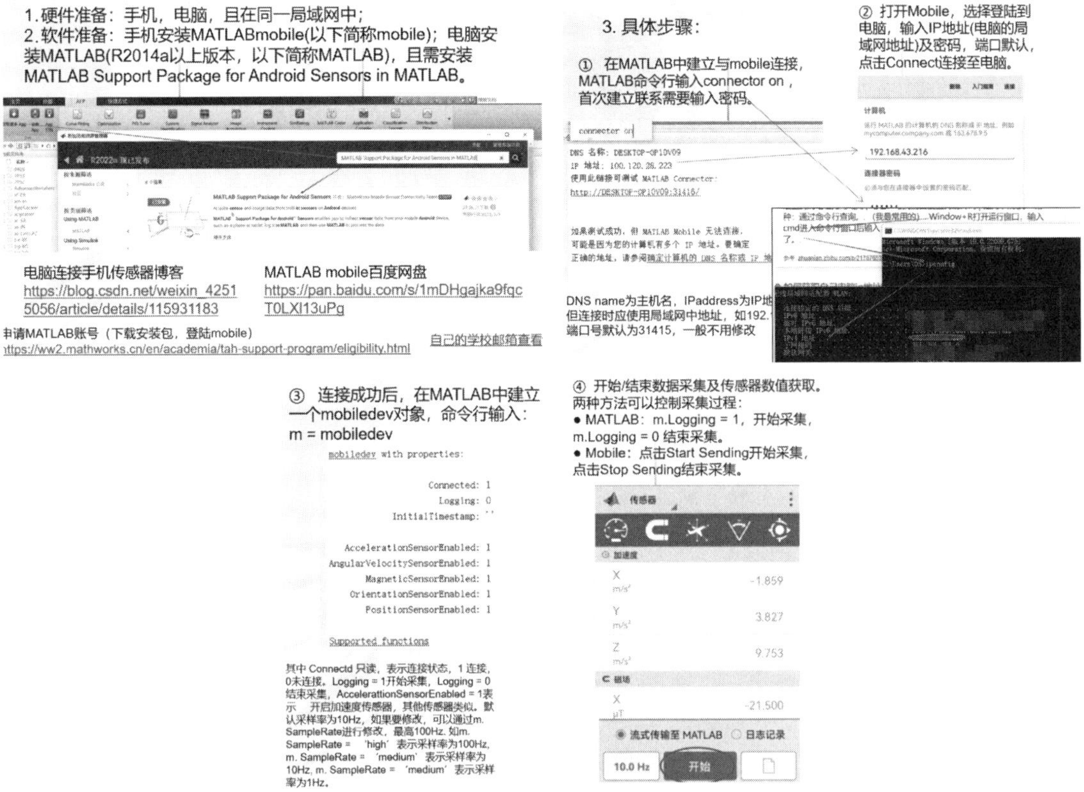

图 9-10 电脑连接手机传感器

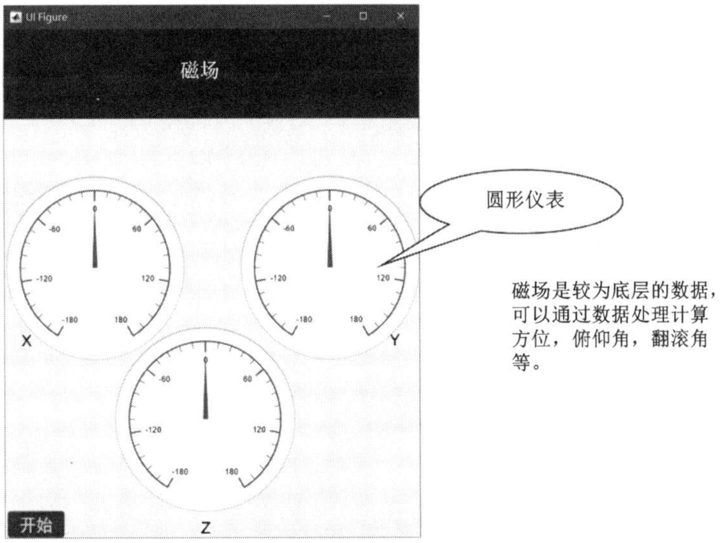

图 9-11 磁场

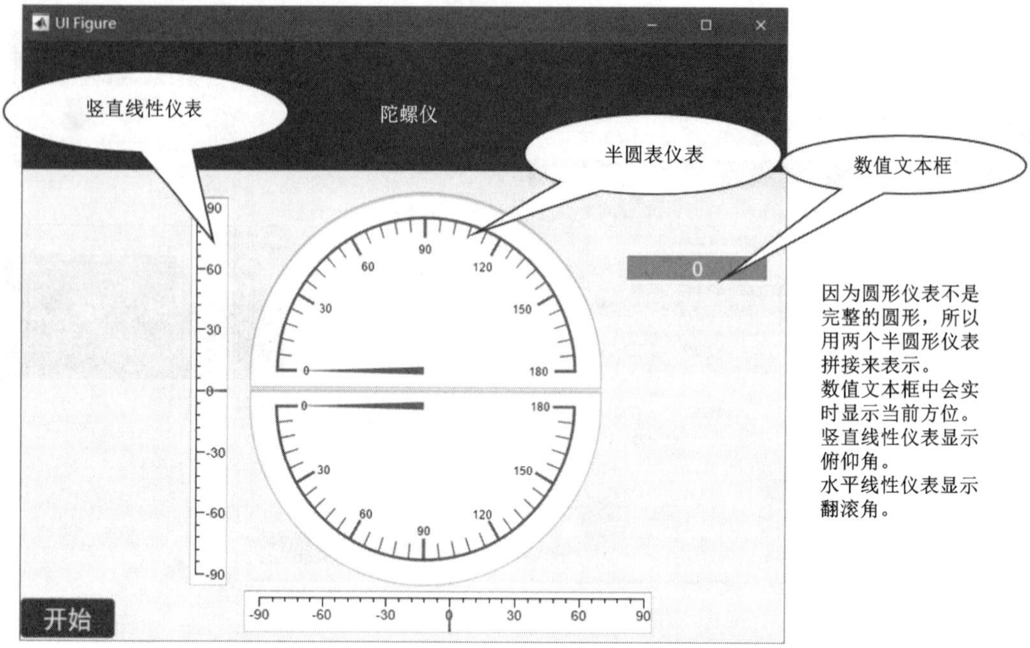

图 9-12　陀螺仪

3. 分析总结

以同学们熟悉的智能手机作为切入点，拉近了传感器的理论知识与日常应用的距离，充分激起了学生的求知欲及探索精神。通过创新性分组课堂研讨，充分调动了学生自主学习的积极性，培养学生有效沟通和交流、协调合作、团队管理能力、责任意识及奉献精神，也增强了学生研究性学习能力、创新创业能力、批判思维能力。

10

城市轨道交通智能控制

教学内容和思政融合设计

序号	教学内容	思政映射与融入点
1	知识点：测速传感器	掌握测速原理，分析不同测速方法的优缺点 案例1：让学生掌握现有测速方法的工作原理，了解轨道交通车辆常用的测速方法。并掌握通过多种测速方法，保证准确获取速度信息，引导学生辩证地看待问题。
2	知识点：城市轨道交通互联互通	互联互通的定义、必要性、实现途径、关键难题以及示范应用 案例2：掌握互联互通的发展需求，理解“交通强国”的内涵。介绍城市轨道交通信号控制系统在国产化方面所取得的辉煌成就，引导学生树立自主创新，占领核心技术制高点、科技强国的坚定信念和家国情怀。
3	知识点：列车运行防护（ATP）子系统	ATP 子系统 案例3： 1. ATP 系统基本介绍——民族自信心和对我国轨道交通行业发展的认识。 2. ATP 子系统组成及功能——不怕困难勇于钻研的工匠精神、严谨的思维能力、以人为本的理念与良好的职业道德。 3. ATP 子系统举例——自主创新、刻苦钻研与爱国敬业精神。
4	知识点：列车自动驾驶（ATO）子系统	ATO 子系统 案例4： 1. ATO 子系统驾驶模式转换——严谨的逻辑与工作态度。 2. ATO 子系统的激活条件——安全重于一切。 3. ATO 子系统的功能——术业有专攻，合适的人做合适的事。
5	知识点：列车运行监控（ATS）子系统	ATS 子系统 案例5： 1. ATS 子系统结构——冗余设计，防患未然。 2. ATS 子系统主要功能与原理——严谨、安全的工作态度。 3. ATS、ATP、ATO 的相互支撑关系——团结合作。

续表

序号	教学内容	思政映射与融入点
6	知识点：模型预测控制基本原理与参数设计	模型预测控制基本原理与参数设计 案例 6： 1. 模型预测控制的思想——未雨绸缪。 2. 采样时间的设计——中庸的思想。 3. 控制范围的设计——抓住主要矛盾。

案例 1 测速传感器

【课程名称】城市轨道交通智能控制

【教学内容】讲授测速发电机、霍尔速度传感器、光电式速度传感器以及多普勒雷达的工作原理。对比分析各种测速方法的优缺点，并介绍多种方式联合的测速方法。

【案例意义】让学生掌握现有测速方法的工作原理，了解轨道交通车辆常用的测速方法。并掌握通过多种途径保证准确获取速度信息的方法，引导学生辩证地看待问题。

教学过程

1. 问题导入

开门见山，提出疑问："同学们在坐地铁 1 号线的时候有没有想过我们是依据哪些变量控制列车运行和精准停车的？""为什么列车总是能够准时在准点地方停靠？"根据学生回答引出列车测速的重要性。在此基础上，进一步提问："你们知道哪些测速方式？"然后，引导学生进入需要学习的知识。

2. 讲授正文

(1) 测速原理及技术

①测速发电机

测速发电机产生交流电压的频率与列车速度成正比，满足如下公式。

$$f=\frac{1}{3.6\pi}\times\frac{v\times Z}{D}$$

式中：f 为测速发电机产生的频率，Hz；v 为列车运行的速度，km/h；z 为发电机的齿数，个；D 为车轮速度，m。

但是无法区分零速和故障状态，不满足故障导向安全的原则。

故障导向安全是轨道交通信号控制的基本原则。讲述保障列车安全行驶的重要性，增加学生的职业认同感，培养学生的责任感、使命感和安全意识。

解决办法：叠加基础频率，在零速时，保证频率不为 0。

车速计算结果受车轮直径变化影响，需要采取车轮直径补偿。

②霍尔速度传感器

利用霍尔效应测量车速，满足如下公式。

$$v=\pi\times D\times f\times 3.6/N(\mathrm{km/h})$$

式中：N 为车轮转一周，磁场变化的次数。

缺点：当列车的轮对产生磨损、空转、滑行等情况时，导致速度值误差变大。

③光电式速度传感器

在车轮外部安装旋转式光栅，当列车运行时轮轴带动光栅旋转，光电传感器可以接受到脉冲信号，对脉冲信号进行计数则可以计算出车速。其测速原理与霍尔速度传感器类似。

缺点：当列车的轮对产生磨损、空转、滑行等情况时，导致速度值误差变大。当只有一路脉冲信号输出时，无法判断列车前进方向。

④多普勒雷达

利用多普勒效应测量列车的运行速度。由于雷达随列车产生相对于轨面的运动，因此发射波和反射波之间存在一定的频率差(即多普勒频移量)。如果列车处于前进状态，反射波频率高于发射波频率；反之，则低于发射波频率。列车运行速度越高，多普勒频移量越大。通过测量此频移量便可计算出列车的运行方向和即时运行速度。

$$f_{\mathrm{d}}=\frac{2v_{\mathrm{r}}}{\lambda}=\frac{2v\cos\theta}{\lambda}$$

根据多普勒频移量计算，能区分列车前进方向；克服了车轮磨损、空转、滑行等造成的误差；易受到地面条件的制约。

(2)测速方法优缺点对比

表 10-1

测速方法	测速电机	脉冲速度传感器	多普勒雷达
优点	测速方便，技术成熟，应用广泛	原理简单，测速准确度高，受环境因素影响小	有效克服空转和滑行等因素产生的误差，技术也越来越成熟
缺点	误差较大，尤其是非线性误差	可能发生机械损坏，车轮磨损带来的测量误差	可能受环境因素影响，制造成本高，调试较困难

如表 10-1 所示，几种测速方式各有优缺点。事物都是具有两面性的，我们一定要用辩证的思维去看待问题。合理认知事物本身兼具的利弊，世间不存在没有用处的方法，只要我们仔细去辨认，就一定能够找寻到事物本身于我们有价值的那一面。每种测速方法都有优缺点，我们应当结合应用场景和需求分析相关因素对测速方法精度、经济性、实用性等方面的影响。当我们能够清晰地认识到，事物具有双面性以后，就能够学着运用自己的辩证思维，更全面地去分析身边的一切。辩证思维是我们每个人应当具备的基本思维能力。在平时的学习和生活中，我们也要尽可能地培养和锻炼自己的这种能力。以便让自己能够拥有更多机会，把握住人生一切的积极条件，获得圆满的结局。

(3)多种方式联合测速方法

双测速电机+多普勒雷达

脉冲速度传感器+多普勒雷达

双速度传感器

通过多种方式，提高测速精度，培养学生追求卓越、精益求精的工匠精神。

(4)测速方法的发展前景与展望

讨论现有方法在测速方面的应用，比如惯性导航、卫星定位等技术，激发学生探索科研精神。

3. 分析总结

学生通过学习课程内容，掌握了不同的测速原理，能用辩证的思维分析不同测速方法的优缺点，并能联想到采用多种测速方法提高测速精度和测速可靠性，感兴趣的学生可以深入了解其他测速定位方法，如图像测速等。

案例 2 城市轨道交通互联互通

【课程名称】城市轨道交通智能控制

【教学内容】互联互通的定义、必要性、实现途径、关键难题以及示范应用。

【案例意义】掌握互联互通的发展需求，理解“交通强国”的内涵。介绍我国在示范应用方面所取得的成就，了解城市轨道交通信号控制系统在国产化方面所取得的辉煌成就，引导学生树立自主创新、占领核心技术制高点、科技强国的坚定信念和家国情怀。

教学过程

1. 问题导入

提出问题：“不同线路的地铁列车是否可以互换行驶?”引导学生进入需要学习的知识。

2. 讲授正文

(1)互联互通的定义

互联互通是指轨道交通路网内，装载不同厂商信号设备的列车跨线和共线运行，从而实现轨道交通路网间的联通、联运。针对列车运行控制，通俗来说，就是地铁列车可以“读懂”其他线路的信号，从这条线跑到另外一条线路。

(2)互联互通的必要性

从城市规模考虑，互联互通 CBTC 系统的重要性主要体现在两个方面：

①符合特大城市区域轨道交通发展的要求，特大城市 30~70 km 圈内，形成了大量的通勤客流，互联互通 CBTC 系统可提高线路和设备利用率，形成网络化行车和客运组织；

②符合中小城市轨道交通的要求，城市中心区需要高频率的服务，市郊需要较高旅行速度和延长运营时间的服务。除此以外，对于城市轨道交通建设单位，互联互通 CBTC 系统也很有必要，例如共享车辆段、多线共轨运行、定制运行线路、分段建设和增购车辆、资源共享和调配、降低培训成本、网间运营等。

思政元素：中国的国情是人口众多，城市化进程加快，城市人口越来越多，大力发展公共交通有助于减少城市拥堵，这是“交通强国”的重要布局，加快各线路甚至是各交通方式之间的互联互通，对于提高设备利用率，加快人员运输具有重要意义。

(3)互联互通实现途径

目前世界上有5种实现互联互通的处理方式：

①采用同一厂商相同制式的信号系统；

②装多套信号车载设备；

③加装多套信号地面设备；

④采用通用的信号车载设备；

⑤基于统一规范标准的信号互联互通设备配置。

采用第五种方法，能够保护各制造商的知识产权与核心技术，有利于形成健康的产业链，但这种方式实现起来也是技术难度最大的。

(4)互联互通的关键难题

要实现基于统一规范标准的信号互联互通，面临三个关键技术难题：

①各个信号厂商的CBTC系统是独立开发和设计的；

②基于统一接口规范实现互联互通，无成熟经验可参考；

③不同厂商的CBTC系统互联互通以后引进新的危险源，如何确保其可靠性。

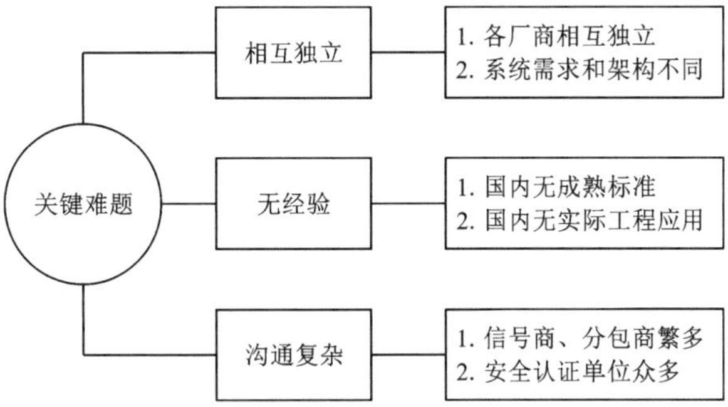

图10-1 互联互通的关键难题

思政元素：在较长一段时间，城市轨道交通信号控制系统由外国企业所垄断，我国的信号科研人员，奋发图强，打破技术垄断，一批优秀企业随之诞生，如北交控、浙江众合等企业，在互联互通的研究中，我国主导标准的制定，自主企业深度参与，提出了兼容多种信号系统的创新性方案，解决了“卡脖子”问题，引导学生树立自主创新、占领核心技术制高点、科技强国的坚定信念和家国情怀。

(5)互联互通的示范

重庆轨道交通CBTC互联互通的技术实现：根据中城协牵头制定的CBTC互联互通技术规范，如接口规范、测试规范等，各信号厂家按照互联互通规范开发产品，并在交叉测试平台进行交叉测试和反复验证，测试通过的软件产品发布到工程项目应用。同时，针对交叉测试或工程项目过程中出现的问题，中城协制定了修订规范的流程。

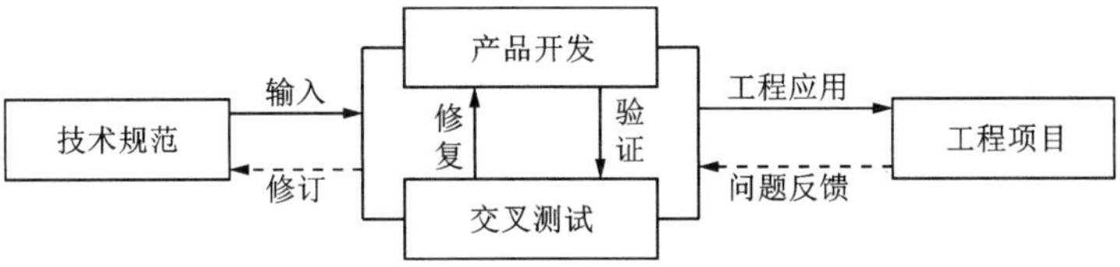

图10-2 互联互通技术实现流程

3. 分析总结

学生通过学习课程内容，掌握了不同的测速原理，能用辩证的思维分析不同测速方法的优缺点，并能联想到采用多种测速方法提高测速精度和测速可靠性，感兴趣的学生可以深入了解其他测速定位方法，如图像测速等。

案例 3 ATP 子系统

【课程名称】城市轨道交通智能控制

【教学内容】ATC 系统的基本介绍、ATP 子系统的发展由来、ATP 子系统的组成及功能以及 ATP 子系统举例

【案例意义】通过课堂教学与课外学习，使学生了解 ATP 子系统的发展由来，掌握 ATP 子系统的组成及功能，重点掌握列车运行速度防护曲线的设计方法。与此同时，加深学生对我国轨道交通行业发展的认识，树立学生对国内 ATC 系统的民族自信心和自豪感，培养学生不怕困难勇于钻研的工匠精神与坚定信念，坚定学生对于走社会主义道路的信心。

教学过程

1. 问题导入

以长沙地铁 1 号线铁道学院站为背景，采用开门见山的方式提出疑问：“同学们在搭乘地铁 1 号线的时候有没有思考过列车是怎样实现自动控制和精准停车的？”“为什么列车总是能够准时、准点停靠？”根据学生们的回答，引出 ATC 系统的基本概念。在此基础上，进一步提问：“你们对我国的 ATC 系统了解多少？”然后，引导学生回顾我国轨道交通运行控制系统的发展以及新一代的中国列车运行控制系统。

2. 讲授正文

首先，向学生介绍 ATC 系统由哪几部分组成，并在本课堂向学生着重讲授其组成部分之一——ATP 子系统。

接着，向学生介绍 ATP 子系统的基本作用，从设计者的角度向学生抛出疑问：“如果是你，你会怎样去设计以达到 ATP 的目标？”然后，结合《超级工程》第一季第三集等视频与图像资料，给学生讲授世界与中国铁路运行控制的发展史，同时向学生分享中国铁路运行控制初期发展的艰辛历程，通过中车产品“中国列车运行控制信号系统”宣传文件与视频，引出我国科研技术人员通过艰苦奋斗自主研发而取得的成果。

讲授 ATP 子系统的组成及功能，结合理论设计、相关图片与视频资料讲解各功能的具体实现。重点讲授列车运行速度防护曲线，在介绍其基本原理后，向学生提出疑问：“为什么要设计多条曲线来控制列车的运行？”由此引出安全设计理念，结合“7 · 23”甬温线特别重大铁路交通事故报道，通过给学生分享列车事故案例的方式培养其严谨的思维能力与态度，以及以人为本的工作服务精神。

3. 分析总结

通过课堂观察、反馈与评价的方式对教学进行反思与改进，考核内容主要包括：学生思想品德素质是否提高、职业素养是否提升、学生对该课程的学习兴趣是否被激发、学习效果是否明显改善等。结合评价结果和学生的反馈对课程教学进行持续改进。

案例 4　ATO 子系统

【课程名称】城市轨道交通智能控制

【教学内容】ATO 子系统的驾驶模式、ATO 子系统的基本原理、ATO 子系统的组成及功能

【案例意义】通过课堂教学与课外学习，使学生了解 ATO 子系统的驾驶模式与转换原则，掌握 ATO 子系统的基本原理、组成及功能。培养学生严谨的工作态度、树立安全意识，引导学生在学习与工作中发挥自己的专长。

教学过程

1. 问题导入

以长沙地铁 1 号线地铁车辆为背景，向同学们抛出疑问："大家在等地铁或者乘坐地铁时有没有思考过，地铁车辆的启停、车门的开关，哪些是由人工控制的？哪些又是由系统控制的？""这些由系统控制的操作，它们遵循什么样的原则，采用什么样的控制逻辑？"根据学生们的回答引出 ATO 子系统的基本概念。

2. 讲授正文

首先，向学生介绍 ATO 子系统的四种驾驶模式，包括自动驾驶模式(AM)、ATP 监督下的人工驾驶模式(SM)、受限制的人工操作模式(RM)以及自由人工驾驶模式(FM)。接着，讲述不同驾驶模式之间的切换。例如，在 RM 模式，司机驾驶列车；在列车经过两个固定数据应答器后，确定了列车的位置，建立了列车与轨旁设备的连续式通信通道，RM 模式将转换为 SM 模式；从 ATP 轨旁设备接收到移动授权后，列车变为 AM 模式；如果不能建立连续式通信通道，列车在 RM 模式下驾驶直到经过可变数据应答器，经过可变数据应答器时，ATP 接收到信号机发出移动授权，列车驾驶变为 SM 模式。此外，在由 SM 模式切换到 AM 模式时，必须满足所有门已关闭、驾驶/制动手柄在零位以及钥匙开关在前进位置等前提条件。通过给学生讲解驾驶模型转换的详细流程与必要条件，使之了解其中严谨的逻辑关系，并以此教育学生无论是在知识学习、习题计算以及未来的工作中都需要以严谨的态度去认真对待每一件事。

接着，引出 ATO 模式的激活条件，包括 ATP 选择在 SM 模式、运行停车点已被释放、从轨旁接收到移动授权、所有门已关闭以及驾驶手柄在零位；在自动启动 ATO 模式或由司机通过启动按钮启动 ATO 模式时，如果任何一个前提条件不满足，启动将被取消。由此向学生说明列车运行的严苛条件，使之认识到安全的重要性，凸显"安全重于泰山"的设计原则。

然后，逐个介绍 ATO 子系统的功能，如自动调整列车运行速度，车站精确停车，列车区间运行时分的控制，车门和屏蔽门控制，与 ATS、ATP 子系统交换信息，向车载乘客信息系统(PIS)提供信息以及巡航/惰行等功能。

3. 分析总结

通过课堂观察、反馈与评价的方式对教学进行反思与改进，考核内容主要包括：学生思想品德素质是否提高、职业素养是否提升、学生对该课程的学习兴趣是否被激发、学习效果是否明显改善等。结合评价结果和学生的反馈对课程教学进行持续改进。

案例 5 ATS 子系统

【课程名称】城市轨道交通智能控制

【教学内容】ATS 子系统的结构、ATS 子系统的主要功能与基本原理

【案例意义】通过课堂教学与课外学习，使学生了解 ATS 子系统的结构，掌握 ATS 子系统的基本原理与功能。培养学生严谨、安全的工作态度与团结合作精神。

教学过程

1. 问题导入

以长沙地铁 1 号线地铁车辆为背景，向同学们抛出疑问："大家想一想，对于时刻表生成、列车运行自动调整以及列车排列进路，这些复杂的功能是如何有条不紊地实现的？由谁来实现？"根据学生们的回答引出 ATS 子系统的基本概念。

2. 讲授正文

首先，向学生介绍 ATS 子系统的结构，包括位于控制中心的一个基于计算机系统的 ATS 系统、现场 ATS 设备和车载 ATS 设备。然后，讲解 ATS 子系统的冗余设计。ATS 系统采用了冗余分布式网络结构，为控制中心和车站 ATS 的任意两个计算机之间提供了冗余的通信手段，可以实现局域网内服务器与调度员工作站之间的冗余通信、点到点同步链接控制中心冗余局域网和车站 ATS 冗余局域网之间的冗余通信。其中，控制中心 ATS 冗余应用服务器用于处理全线的信号设备信息、列车信息及产生必要的告警信息等，计算机通过冗余提供热备功能；车站 ATS 服务器通过串行切换设备或自行判断进行主备机的通信，每台车站 ATS 服务器均通过冗余串行接口接到车站微机联锁 VPI2 系统，主设备站的 ATS 服务器还与 ATP-ATO 轨旁系统进行连接。跟学生强调，尽管冗余设计的方式会带来一定的成本，但是也极大程度地保障了系统稳定、可靠运行。当某一设备出现故障时，热备功能可以迅速做出相应的调整，通过冗余设备确保系统执行正确的指令，避免因设备故障造成更加严重的损失和事故。进一步地，将冗余的思想拓展到学生的日常生活、学习中，教育学生无论做什么事情都要做好充分的准备，防患于未然。

接着，讲授控制中心 ATS 主要功能(包括管理信号设备、列车描述、自动进路设置、运行图调整以及运行图管理)与车站 ATS 主要功能(包括信号人工控制、线路监控和报警管理、自

动排路以及列车识别号跟踪)。通过功能介绍再次向学生强调严谨、安全的设计原则与理念。然后,分别介绍各功能实现的基本原理。

3. 分析总结

通过课堂观察、反馈与评价的方式对教学进行反思与改进,考核内容主要包括:学生思想品德素质是否提高、职业素养是否提升、学生对该课程的学习兴趣是否被激发、学习效果是否明显改善等。结合评价结果和学生的反馈对课程教学进行持续改进。

案例6 模型预测控制基本原理与参数设计

【课程名称】城市轨道交通智能控制

【教学内容】模型预测控制的基本概念、采样时间的设计、控制范围的设计

【案例意义】通过课堂教学与课外学习,使学生了解模型预测控制的基本概念,掌握采样时间的设计、控制范围的设计。与此同时,加深学生对我国国学思想的学习与认可。

教学过程

1. 问题导入

以学生每天的作息时间安排(起床、洗漱、早餐、上课…)为例引出模型预测控制,解释模型预测控制(model predictive control,MPC)是一种反馈控制算法,使用模型来预测过程的未来输出。

2. 讲授正文

采用汽车自动驾驶案例进一步解释什么是模型预测控制:比如正在开车,目标是让汽车保持在车道内。那么,为了实现这个目标而做出的决策与模型预测控制器的工作方式其实是非常相似的,以汽车的速度和方向为例,根据采取的措施,车的速度会有多快,或转向有多少,通过汽车的这种特性或者说模型,让学生在头脑中进行一个仿真操作,通过这些经验可以根据选择的控制动作,比如说加速或者转向,来完成对未来轨迹的预测,并选择尽可能接近预测轨迹的最佳操作驱动车辆行驶到期望的轨迹。由此向学生说明这就是一种模型预测控制。接着,阐述模型预测控制的思想与特点:模型预测控制具有预览功能,类似于前馈控制。比如说自动驾驶汽车在弯道上行驶。如果控制器不知道前方有一个拐弯,它只能在拐弯的时候施加制动。但是,如果汽车前面有一个提供信息的摄像头,可以提供未来的轨迹,那么控制器就会知道前面的弯道。因此,它可以提前做出准备,实现更快地制动从而安全地保持在车道上。将这种思想与明代朱柏庐所著《朱子家训》中“宜未雨而绸缪,毋临渴而掘井”联系起来,激发学生对中华传统文化的深刻认同,教育学生像朱柏庐或模型预测控制一样,无论做什么事情都要先作好准备。

接着,讲解模型预测控制的基本结构和参数设计。

采样时间确定了控制器执行控制算法的速率,如果它太长,当出现干扰时,控制器将无法足够快地对干扰作出反应。相反,如果采样时间太短,控制器可以更快地对干扰和设定点

变化作出反应，但是会导致过大的计算负荷。因此，采样时间的设计不能太长也不能太短，要在性能和计算量之间找到平衡点。此时，引导学生思考与之相似的一种哲学思想，引出《论语·雍也》中的中庸之道，教授学生不偏不倚、折中调和的做事与处世态度。

对于控制范围，通过增加控制范围可以获得更好的预测，代价是增加复杂性。但是，通常只有前几个控制移动对预测的输出行为有明显的影响，而其余的控制移动只会有轻微的影响。选择一个好的控制范围的经验法则是取前面最重要的几个部分，忽略后面具有较小影响的部分。由此，教导学生在观察和处理任何事物或过程的诸种矛盾时，从唯物辩证的角度，用主要精力从多种矛盾中找出和抓住主要矛盾，提出主要的任务，从而掌握工作的中心环节。

3. 分析总结

通过课堂观察、反馈与评价的方式对教学进行反思与改进，考核内容主要包括：学生思想品德素质是否提高、职业素养是否提升、学生对该课程的学习兴趣是否被激发、学习效果是否明显改善等。结合评价结果和学生的反馈对课程教学进行持续改进。

11

编组站自动化

教学内容和思政融合设计

序号	教学内容	思政映射与融入点
1	编组站的功能、地位及发展	案例1：编组站的功能、地位及发展——增强专业认同和使命担当。
2	编组站的车场布置	案例2：编组站的车场布置——系统思维、辩证思维。
3	编组站的主要作业过程	案例3：编组站的主要作业过程——系统思维、抓主要矛盾。
4	驼峰道岔控制电路技术要求	案例5：驼峰道岔控制电路技术要求——科学解锁安全与效率。
5	编组站驼峰调车自动化技术的发展	案例4：自动提钩机器人的应用之路还有多远——勇于探索的创新意识和创新思维。
6	编组站综合自动化系统的发展	案例6：编组站综合自动化系统的发展——勇当科技创新的排头兵。

案例1 编组站的功能、地位及发展
——增强专业认同和使命担当

【课程名称】编组站自动化

【教学内容】编组站的功能、地位及发展

【案例意义】通过认识和了解我国铁路编组站的功能、地位及发展，增强学生对铁路运输专业的专业认同，增强“学铁路、干铁路、爱铁路、荣铁路”的铁路情怀和使命担当。

教学过程

1. 问题导入

铁路编组站素有铁路货物列车的“制造工厂”、铁路货运的“航空母舰”、铁路路网的能力

"蓄水池"、铁路路网的效率"发动机"等美誉，那么铁路编组站到底有什么具体功能，在铁路系统中有什么样的地位，在社会发展进程中又经历了什么样的发展呢?

2. 讲授正文

(1)铁路编组站到底是干什么的

如图 11-1 所示，通常，我们说铁路编组站是铁路货物列车的"制造工厂"。在铁路网中，凡办理数量较大的货物列车的解体编组作业，并为此设有专用调车设备的车站都称为编组站。从定义可看出，解体和编组货物列车是编组站的主要技术工作。所谓解体作业，简单讲就是根据改编的货物列车中每节车辆(几节车辆)的去向将它们分开，即去往同方向的车辆分在同一条编组线上。所谓编组作业，就是将去往同一方向或同一地点的车辆进行选编连接在一起，组成新的列车。因此，编组站是列车"消逝"和"产生"的地方，编组站也就被称为货物列车"制造工厂"。

作为编组货物列车的大型"工厂"，每天都会有来自全国各地的货物列车在这里解体、集结，然后按照到达方向、货物品类等重新编组成列后，发往全国各地乃至中国境外。这里既有满载粮食、煤炭、机油、化肥等全国各地所需生产生活物资的货物列车，也有装满各类"中国制造"、服务"一带一路"国家的中欧班列。因此，铁路编组站又被称为铁路货运的"航空母舰"。

(2)铁路编组站在铁路系统中有何地位

通常，根据编组站在铁路路网中的位置、作用和承担的作业量，可以将编组站分为路网性编组站、区域性编组站和地方性编组站三大类。

路网性编组站是位于铁路路网、枢纽地区的重要地点的大型编组站，它衔接 3 个及以上方向，承担大量中转车流改编作业(日均出、入有调中转车达 6000 辆)，编组大量技术直达和直通列车，如丰台西、郑州北、株洲北等特大型、大型编组站。

图 11-1 编组站

区域性编组站是位于铁路干线交会的重要地点的大中型编组站，它一般衔接 3 个及以上方向，承担较多中转车流改编作业（日均出、入有调中转车达4000辆），编组较多技术直达和直通列车，如长春北、西安东、成都东、贵阳南等编组站。

地方性编组站是位于铁路干支线交会点、铁路枢纽地区或大宗车流集散的港口、工业区的中小型编组站，承担中转、地方车流改编作业（日均出、入有调中转车达2500辆），编组较多技术直达和直通列车，如怀化南、安康东、昆明东、芜湖西等编组站。

不管是哪一类型的编组站，它都是铁路运输生产链中重要的基础设施，是路网中车流的主要集散点，它的合理布局和分工，对优化路网结构、提高路网运输能力；优化机务、车辆、工务、电务等运输生产力布局，提高机车、车辆利用效率；优化运输组织、提高运输生产效率与效益；加快货物送达速度，提高社会经济效益等均具有重要作用，因此，编组站又被称为铁路路网的能力“蓄水池”、铁路路网的效率“发动机”。

(3)铁路编组站在社会发展进程中会如何发展变化呢

随着社会经济的不断发展、铁路路网规模不断扩大及运输技术的不断进步，铁路编组站的布局、规模及分工也将需要适应新的运输形势进行调整。如随着列车群组运行技术的发展，铁路编组站的能力需要进一步优化；随着“一带一路”的发展，中西部的编组站布局将进一步加强和完善；随着编组站自动化程度进一步提高，编组站解编能力将进一步提高，编组站的工作环境将进一步提升，对人才的需求也将更加强调高素质；这些发展变化也都需要同学们去创新推动。

3. 分析总结

通过现场参观、实地讲解，从感性认识上了解我国铁路编组站的功能、地位及发展，增强学生对铁路运输专业的专业认同，增强“学铁路、干铁路、爱铁路、荣铁路”的铁路情怀和使命担当。

案例2　编组站的车场布置

——系统思维、辩证思维

【课程名称】编组站自动化

【教学内容】编组站的车场布置

【案例意义】铁路编组站是铁路货物列车的“制造工厂”，其主要任务是货物列车的解体和编组。根据编组站在铁路路网中的位置、作用和承担的作业量，编组站可分为路网性编组站、区域性编组站和地方性编组站。那么，不同类别的编组站在车场布置上会有什么异同呢？通过从系统角度和辩证角度分析理解不同编组站的车场布置特征，训练和增强学习者的系统思维和辩证思维能力。

教学过程

1. 问题导入

铁路编组站素有铁路货物列车的“制造工厂”之称，承担着大量货物列车的解体和编组作业。根据在铁路路网中的位置、作用和承担的作业量，编组站可分为路网性、区域性和地方性编组站。那么不同类别或同一类别的铁路编组站在车场布置上有何异同？又该如何看待这些异同呢？

2. 讲授正文

(1)编组站中的向、级、场及横纵关系

一般地，编组站根据设有的调车作业系统数量不同可分为单向和双向两类，其中，上、下行改编车流共用一套调车设备完成解编作业的编组站图形为单向编组站，设有两套调车设备分别承担上、下行改编车流的解编作业的编组站图形称为双向编组站。在车站中轴线上纵向排列的车场数为编组站车场的级数，车站主要车场的总数为编组站的车场数。因此，单向三级三场编组站，即该编组站在车站中轴线上纵向排列有到达场、调车场、出发及通过车场三个主要车场，上下行共用一套驼峰调车系统；

按车场相互位置的不同编组站布置图又可分为横列式、纵列式和混合式三种。其中，横列式布置为上、下行到发场与调车场并列配置，纵列式布置为所有主要车场顺序排列，混合式布置则为部分主要车场纵列、另一部分车场横。一般有单向横列式配置、单向纵列式配置、单向混合式配置、双向纵列式配置、双向混合式配置等多种形式。

(2)从系统角度优化配置编组站车场

编组站主要办理货物列车的到、解、集、编、发作业，且各项作业一环扣一环，通常需要从系统角度根据编组站在铁路网上的作用、车流的数量及性质来决定编组站内的车场配置。为了达到编组站在铁路网上保证主要干线不间断工作，车辆周转时间尽量缩短，在整个铁路上能顺利进行全面的运输作业过程的目的，对编组站内的车场配置，应尽可能做到合理布置，以保证良好的运营条件。比如，大型路网性编组站，位于路网、枢纽地区的重要地点，衔接 3 个以上方向，承担大量中转车流改编作业，通常需要采用双向纵列式车场布置。

(3)从辩证角度选用编组站布置图

新建或改建编组站在决定车场配置时，到底选用横列式还是纵列式车场布置，必须进行技术经济比较，辩证择优选用。一般来说，车场横列式配置有占地省、造价低和便于管理等优点，但机车车辆调车走行距离长，车辆在站停留时间长，改编效率低。车场按到达、解编、出发的作业顺序纵列配置的纵列式编组站，对减少机车车辆行程，提高作业效率与能力有利，但站场站坪长，工程投资大。

3. 分析总结

编组站在铁路网上的作用和车流的数量及性质不同，编组站内的车场配置也会不同。通过从系统角度和辩证角度分析理解不同编组站的车场布置特征，训练和增强系统思维和辩证思维能力。

案例 3 编组站的主要作业过程
——系统思维、抓主要矛盾

【课程名称】编组站自动化

【教学内容】编组站的主要作业过程

【案例意义】编组站的运输生产和工厂企业的生产一样，有一个生产作业程序，称为技术作业程序。那么编组站的技术作业程序有哪些主要作业环节和过程？主要作业环节和过程中最核心的环节和过程是什么？实现编组站自动化的核心需要重点实现核心环节的自动化，因此，需要系统了解编组站的主要作业过程，同时需要抓主要矛盾和矛盾的主要方面，重点掌握核心环节和过程。

教学过程

1. 问题导入

铁路编组站作为铁路货物列车的“制造工厂”，到底是怎么实现货物列车的到、解、集、编、发作业的呢？其实编组站的运输生产和工厂企业的生产一样，有一个生产作业程序，称为技术作业程序。为了保障各项作业按照技术作业程序高效开展，必须从系统的角度充分了解各项作业环节和程序的工作内容，并重点掌握关键核心作业程序。

2. 讲授正文

以图 11-2 中一个包括三个车场的单向纵列式编组站为例说明编组站的技术作业程序。

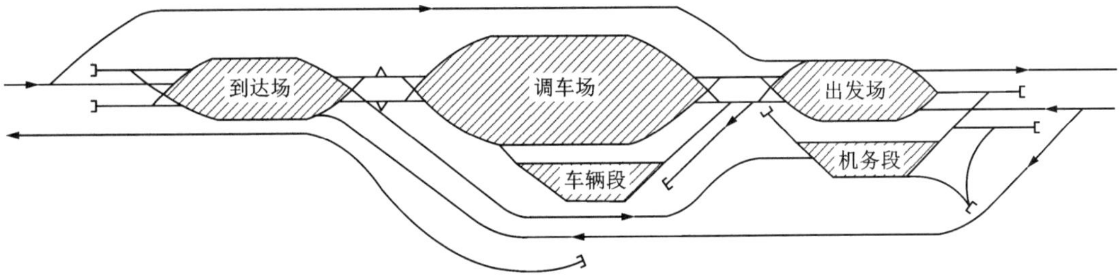

图 11-2　单向纵列式三级三场编组站示意图

上图中的单向纵列式三级三场编组站的三个车场各有分工，到达场主要办理列车到达（接车）、车列停留、直通列车发车等作业，调车场主要办理列车解体、集结和编组等作业，出发场主要办理编成的列车的发车作业。该编组站的技术作业程序如图 11-3 所示。

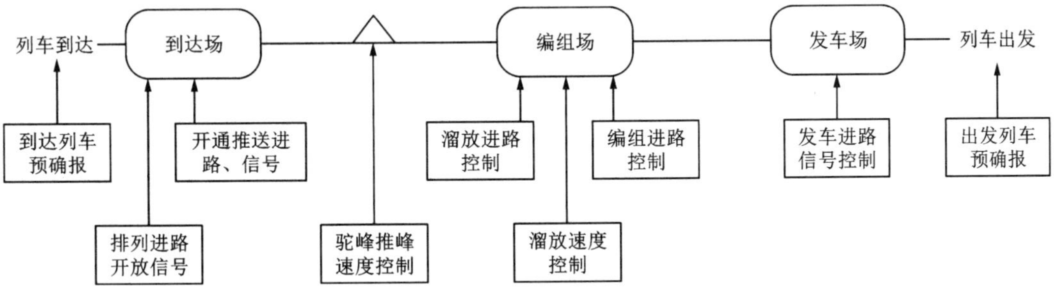

图 11-3　编组站主要作业程序框图

“到、解、集、编、发”的具体作业程序如下：

(1)改编货物列车到达车站之前，先进行到达列车预确报，之后到达场开始排列进路、开放信号。

(2)改编列车到达到达场，完成到达作业。同时车辆对应的到达信息会传输并记录到车辆信息库中。

(3)调车人员将车列风管内的气放掉和按调车作业通知单摘开分钩处的风管，驼峰调车机车从机待线或峰顶驶往到达场连挂待解车列，完成待解作业。

(4)完成预推作业后，驼峰调机根据驼峰信号机的显示，将车列推至峰顶，提钩员提钩，分钩车组下溜，进路开通。调速设备调整溜放车组的速度，车组溜至调车线上。

(5)分解后的列车在调车场上按到达站集结，完成集结作业。

(6)集结后的车辆按编组站计划在驼峰尾部进行编组作业。

(7)编组完的车辆前往发车场，在出发列车预确报后进行发车作业。

从技术作业程序框图(图 11-4)可以看出，对整个运输环节产生较大影响的是解编作业。以往对编组站进行的技术改造措施基本上是围绕解编能力的提高，减少解编作业过程所需的时间。当前开展的一些计算机管理系统在编组站上的应用也离不开这个范围。所以，实现编组站自动化的核心是首先实现解编作业自动化。

从管理系统的角度来看，可以将解编作业分成调度信息处理系统和解编控制执行系统两大部分。

(1)调度信息处理系统。该系统的中心任务是编制出解体作业钩计划(解体调车单)和编组作业钩计划。这两项计划编制所需的基本信息是有序的现车信息。

(2)解编控制执行系统。该系统的中心任务根据计划解体编组，控制调机、车辆在驼峰编组场内位置的移动。

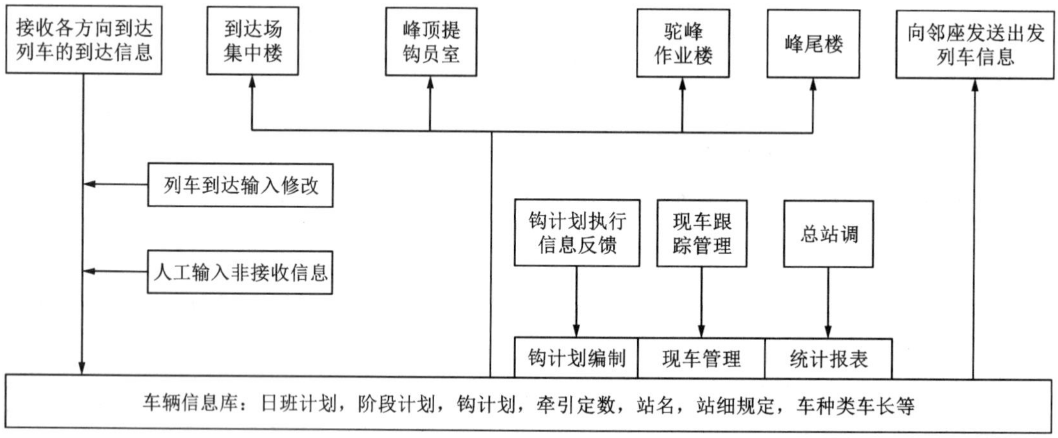

图 11-4　编组站主要技术作业信息化流程框图

3. 分析总结

铁路编组站通过到、解、集、编、发作业，实现“列车工厂”功能。编组站的各项技术作业环环相扣，从系统管理角度分析了解编组站的主要技术作业程序，同时抓主要矛盾和矛盾的主要方面，重点掌握核心作业环节和过程，能够为后续学习和创新编组站自动化技术奠定基础。

案例4 驼峰道岔控制电路技术要求
——科学解锁安全与效率

【课程名称】编组站自动化

【教学内容】驼峰道岔控制电路的技术要求

【案例意义】驼峰调车是编组站日常工作的重要组成部分，为了提高驼峰解体作业效率，要求分路道岔采用小号道岔和快速动作转辙机。为了实现驼峰道岔转辙机对道岔的快速安全自动控制，需要科学设计控制电路。以目前我国驼峰调车广泛采用的电动快速转辙机和电控快速转辙机为载体，通过引导学生以安全和效率为目标科学分析驼峰道岔控制电路的技术要求，帮助其牢固树立科学是提升安全与效率的第一生产力的理念。

教学过程

1. 问题导入

为了提高驼峰解体作业效率，要求分路道岔采用小号道岔和快速动作转辙机。驼峰道岔根据道岔位置和作业性质分为峰上道岔和分路道岔，峰上道岔在解体作业过程中不需要转换，有些峰下道岔在解体作业过程中不需要转换，可按峰上道岔处理；分路道岔在解体作业过程中需要按溜放车组的不同去向而随时转换。因此，两者的控制电路有所不同。那到底怎么设计才是科学合理的呢？这就需要科学分析驼峰道岔控制电路的技术要求。

二、讲授正文。

(1)分析目标与基本要求

无论是峰上道岔还是分路道岔，无论采用何种转换设备，都应满足作业中有关安全和效率的技术要求，像剥笋壳一样逐层逐条析出下面的基本要求：

①处于锁闭状态或其所属轨道区段被车占用时，该道岔不能转换。

②转辙机启动后，车辆进入该道岔所属轨道区段时，道岔应能继续转换到底，并使尖轨密贴基本轨。

③道岔转换完毕后，应立即切断转辙机的动作电源和启动电路。

④道岔在转换过程中，如车辆未进入该道岔的轨道区段，可以中途改变道岔的转换方向。

⑤道岔的定、反位表示应符合道岔的实际位置。

(2)分路道岔与峰上道岔的区别与特殊要求

分路道岔与峰上道岔由于作业情况不同，除了要满足以上基本技术要求外，还必须满足一些特殊技术要求，以安全为主要目标导向，引导学生分析得出以下特殊要求：

①分路道岔不仅能够用手动控制转换，还能够用自动集中控制系统条件自动控制转换。分路道岔手柄采用三位式，手柄在中间位置时受自动控制条件控制。

②峰上分路道岔的转辙机，若其机械锁闭装置未解锁时车辆即进入了该道岔的轨道区段，此时应立即切断动作电源和启动电路，使道岔不能转换。

③自动集中系统的分路道岔控制电路应具有道岔自动恢复功能，即分路道岔如因故不能转换到底时，在车辆尚未进入该道岔的轨道区段前，应能自动转回至原来位置。

④分路道岔控制电路具有极性继电器与道岔实际位置状态一致及表示电路自保功能，确保故障时的溜放作业安全。

上述基本技术要求和特殊技术要求，均以安全和效率为目标导向分析得出，目前我国驼峰调车广泛采用的电动快速转辙机和电控快速转辙机都满足驼峰道岔控制电路的技术要求，大大提高了装置的安全可靠性和动作效率。

3. 分析总结

通过引导学生以安全和效率为目标科学分析得出驼峰道岔控制电路的基本技术要求和特殊技术要求，培养学生科学分析问题的思维和能力，并帮助其牢固树立科学是提升安全与效率的第一生产力的理念。

案例 5 自动提钩机器人的应用之路还有多远
——勇于探索的创新意识和创新思维

【课程名称】编组站自动化

【教学内容】编组站驼峰调车自动化技术的发展

【案例意义】驼峰调车是编组站日常工作的重要组成部分，经历了人工、半机械化、机械化到自动化的发展过程。驼峰调车的自动化发展过程中，自动提钩还未实现完全自动化，目前仍需要提钩员在风吹日晒雨淋的环境中完成提钩。不过，近期提钩机器人的研究与应用取得了一定的突破。提钩机器人的应用之路还有多远？通过了解自动提钩机器人的发展和应用情况，增强“科技是第一生产力”的内生认同，激发和增强学生勇于探索的创新意识、创新思维。

教学过程

1. 问题导入

驼峰调车是编组站日常工作的重要组成部分，驼峰自动化经历了人工、半机械化、机械化到自动化的发展过程。不过驼峰调车的自动化发展过程中，自动提钩还未实现完全自动化，目前仍需要提钩员在风吹日晒雨淋的环境中完成提钩。近期提钩机器人的研究与应用取得了一定的突破。那么，自动提钩机器人的应用之路还有多远呢？

2. 讲授正文

为适应铁路不断提速、货物列车密集到发的发展趋势，同时提高货运质量，使点线能力相匹配，编组站都装备了不同种类、不同水平、不同规模的自动化设备，并且将它们组成综合自动化系统，实现精简人员编制，提高编组站作业效率。

在编组站自动化领域，驼峰控制技术发展最具代表性。

1970 年，在丰台西驼峰第一次采用分离电子元件技术建成目的调速半自动化系统；

1984 年，在南翔驼峰第一次采用国产小型机技术建成目的调速自动化系统；

1986 年，在山海关上行驼峰第一次采用了微处理器技术实现驼峰溜放进路自动控制；

1989 年，在郑州北上行驼峰第一次实现了包含溜放进路控制、间隔调速、目的调速等多功能的驼峰综合自动化系统，并实现了与编组站车辆信息处理系统联机。

由于早期自动化技术不够成熟，直至 20 世纪 90 年代中期我国驼峰技术装备仍以半自动化设备为主。而发达国家的驼峰自动化技术较我国发展早，我国从 1987 年到 1997 年先后在郑北下行、徐州北、阜阳北、向塘西下行分别引进过美国 CRS 公司和 USS 公司的驼峰自动化系统，由于国外编组站控制技术近年来相对老化和滞后，加之对我国编组站运输条件不适应，效果不佳。

从 20 世纪 90 年代中期开始，在驼峰自动化市场化进程中，我国的驼峰控制技术在成熟度、实用性、工程化、自动化方面得到快速提高与发展。

当前，我国铁路编组站在数量和规模上均居世界第一，各类驼峰基本上已全部实现自动化，并且技术上已经达到了国际先进水平。然而在驼峰推峰作业过程中的摘钩作业，依然采用的是人工方式。提钩员需要在推峰车列移动过程中进行摘钩作业，作业危险系数高，容易发生安全事故。因此，研究实用的自动摘钩机器人或系统，减轻劳动人员作业强度，提高摘钩效率，是当前铁路编组站自动化需要进一步提升的重要环节。

那么，自动提钩机器人的研发与应用到底进展到什么程度了呢？自动提钩机器人的应用还有多远呢？

1977 年，日本研制了悬挂式自动摘钩机器人，但由于多种原因没有实现应用；德国按照先研制自动车钩后研制摘钩机器人的思路，研制了轨道式提钩机器人，依靠电子传感器和摄像机确定车厢上的车钩操作手柄的位置。我国铁道科学研究院、哈尔滨工程大学、北京交通大学、兰州交通大学等科研机构和团队都在尝试研发自动提钩机器人或装置。

目前已公开的摘钩机器人主要有工作在车钩的上方和侧方两类：安装于列车上方的龙门架，从上往下摘钩；安装于列车侧方，在侧面进行摘钩。上述两种方式均需要对场站进行大规模改造。可移动的摘钩机器人的行走方式多为轨道式和自主移动式。不管哪种形式，都还未实现 100%完全智能可靠的自动提钩。

那么自动提钩遇到的主要技术难点有哪些呢？总结而言，主要包括：车钩结构形式多样、状态不同；车辆编组复杂、在运动过程中运行不稳定；提钩动作时间短、完成空间有限；工作条件南北相差大；等等。因此，为了进一步攻克上述难点问题，需要同学们勇于探索和创新。

3. 分析总结

通过学习了解编组站驼峰自动化发展的历程、自动提钩机器人的发展和应用情况，增强学生对“科技是第一生产力”的内生认同，同时激发和增强学生勇于探索的创新意识和创新思维。

案例 6 编组站综合自动化系统的发展
——勇当科学创新的排头兵

【课程名称】编组站自动化

【教学内容】编组站综合自动化系统的发展

【案例意义】编组站综合自动化系统的发展经历了编组站自动化、编组站信息化长期封闭发展和编组站逐步综合自动化发展的历程。通过学习了解编组站综合自动化系统的发展历程，增强学生对“科技是第一生产力”的内生认同，同时激发和增强勇当科学创新的排头兵的理想、信念与信心。

教学过程

1. 问题导入

为适应铁路不断提速、货物列车密集到发的发展趋势，同时提高货运质量，使点线能力更加匹配，编组站不断更新升级不同种类、不同水平、不同规模的自动化设备，并且将它们构成综合自动化系统，达到不断提高编组站改编作业能力的目的。编组站综合自动化系统的发展经历了编组站自动化、编组站信息化长期封闭发展和编组站逐步综合自动化发展的历程。

2. 讲授正文

(1)编组站自动化发展

在编组站自动化领域，驼峰控制技术发展最具代表性。发达国家的驼峰自动化技术较我国发展早，我国从1987年到1997年先后在郑北下行、徐州北、阜阳北、向塘西下行分别引进过美国GRS公司和USS公司的驼峰自动化系统，由于国外编组站控制技术近年来相对老化和滞后，加之对我国编组站运输条件不适应，效果不佳。

目前国内编组站已进入批量装备的过程控制系统、驼峰推峰机车遥控系统、具有平面溜放控制功能的计算机联锁系统、驼峰尾部停车控制系统等，各有其发展史。到目前为止，我国各类驼峰基本上已全部实现自动化，并且技术上已经达到了国际先进水平。

(2)编组站信息化发展

我国编组站信息化领域发展出现了现车管理和调度表示两个独立分支，最具代表性的是车站现车管理系统。1986年株洲北编组站投产了我国第一个编组站车辆信息处理系统，截至2007年，国内大型编组站仍主要使用这种信息系统。

采集联锁系统表示信息的调度监督技术应用于编组站也出现在20世纪90年代，后期DMIS(TDCS)项目的发展取代了编组站调度表示系统专项技术发展，在站场表示基础上扩展了行车日志、站间预告和调度命令功能的TDCS分机随TDCS项目在全路普及运用于各编组站。由于TDCS分机以到达场/出发场为节点将编组站分为不同车场独立管理，目前大部分编组站不具有统一的调度表示系统。

(3)编组站综合自动化系统发展

21 世纪初，我国铁路逐步开展了编组站综合自动化技术的研究和开发，其目标是将编组站已有的溜放速度控制、进路控制、车辆管理、信息管理、决策管理等集成为一体，通过建立编组站统一的综合信息管理与控制平台，完成计划自动编制与调整、计划自动执行与集中控制、作业过程自动控制，实现作业管理和控制一体化、路局调度与车站调度一体化、运输管理与决策支持智能化，以提高编组站作业能力与效率，保证运输安全生产，使编组站信息管理和生产过程全面自动化。目前，成都北、新丰镇、武汉北等编组站已实现了上述意义上的编组站综合自动化。

我国目前编组站使用的综合自动化系统，主要是中国铁道科学研究院研发的 SAM 系统和中国通号研究院研发的 CIPS 系统，这两套系统都在编组站范围内全面实现计算机化管理和作业过程自动控制，但都存在很大的综合自动化和智慧化的改进空间，需要同学们去努力奋斗实现不断升级。

3. 分析总结

通过学习了解编组站综合自动化系统的发展历程，增强学生对“科技是第一生产力”的内生认同，同时激发和增强勇当科学创新的排头兵的理想、信念与信心。

12

列车通信网络及控制技术

教学内容和思政融合设计

序号	教学内容	思政映射与融入点
1	绪论	通信是世界有序运行的基本支撑 案例 1：对外交流的金色名片——高铁、寻找人类和地球起源的真相的玉兔号，可上九天揽月、可下五洋捉鳖，通信及控制技术无处不在，唯有善通信，才能行大道。
2	知识点：数据通信差错控制技术	编码人生华美篇章 案例 2：以学生互动模拟的方式体验信号传输的过程，观察信号从信源到信宿之间进行准确传输可能面临的问题，启迪同学们用编码差错控制的思想协调人生成长的速度和成效。
3	知识点：列车通信网络实时协议	求同存异，与时偕行 案例 3：960 万平方公里的华夏大地孕育了千姿百态的方言，在方言之外大家设立了标准的普通话保证信息传递的有效性。没有规矩不成方圆，确立实时协议是求同存异、与时偕行的基础。
4	知识点：MVB 介质访问控制方式	思则有备，有备无患 案例 4："监督"不仅存在于通信数据传输当中，也是政治生活不可缺少的一环，好的社会需要好的监督，好的监督营造风清气正的社会环境。
5	知识点：列车分级控制	分工与协作 案例 5：庞大的列车通信系统因为分级与分工实现了整体的有效运行，面对再复杂的问题也可以采用问题结构与分工协作的方式解决。

案例 1 列车通信网络的作用和基本功能

【课程名称】列车通信网络及控制技术

【教学内容】列车通信网络如何为列车运行保驾护航

【案例意义】列车通信网络与控制系统通常被称为“列车的中央神经控制系统”，随着技术的发展及列车智能化设备增多，需要从资源共享、信息共享到信息融合，基于列车通信网络实现列车控制是不可扭转的趋势。案例通过介绍“高铁中的信息与控制”“解密大国重器”等对学生起到潜移默化强化社会责任的作用。

教学过程

1. 问题导入

每次乘坐高铁大家都会被列车流畅的外形、越来越舒适的乘坐体验所惊艳。如果说高铁给我们的第一印象是一张张看得见的“面孔”，那么在“面孔”之下保障列车协同控制运行的“神经系统”又是如何运作的？飞驰而过的高铁列车是怎么设计出来的？背后又蕴含着怎样的科技？

通过播放视频《中国速度领跑世界》引发同学们的兴趣，引导学生结合自己的高铁乘坐经验，以“列车是如何判断当下应该进行牵引或是制动”“如何保障列车安全运行”“数据是如何在通信网络中进行传输”“列车通信网络如何为列车运行保驾护航”等问题为切入点，融入“铁路工匠”精神、责任感和使命感、制度自信等思政元素，帮助学生塑造正确的世界观、人生观、价值观。

2. 讲授正文

首先介绍铁路通信的发展历史，以“鼓角催晓”、“烽火报警”等古代文学资料中就有记载的通信方式与现代信息战的发展趋势说明通信的重要性。在同学们对通信系统及控制技术形成系统感知的基础上结合轨道交通运行背景，介绍列车通信系统的基本组成和基本原理进行，并以 HXD1、HXD3B 的通信网络为例帮助学生建立更为具体的系统认知。

列车通信网络采用分层结构，根据列车控制的特点分为上下两层，即绞线式列车总线 WTB 和多功能车辆总线 MVB，列车总线连接不同车辆或单元中的网络节点，车辆总线连接同一车厢或固定车组内部各种可编程智能设备，如图 12-1 所示。列车总线和车辆总线是两个独立的通信子网，采用不同的网络协议，它们之间通过列车总线节点（网点）互连。

列车通信网络在现代铁路运输中扮演着至关重要的角色，其作用和基本功能包括以下三个方面，如图 12-2 所示：

（1）信息处理的复杂性表现在信息数量、种类、关联性以及重要度上，还体现在从资源共享到信息共享，最后到信息融合的过程。同时，信息传输媒体也具有多样性（WTB、MVB、Ethernet），需要通过协议和网关进行管理。

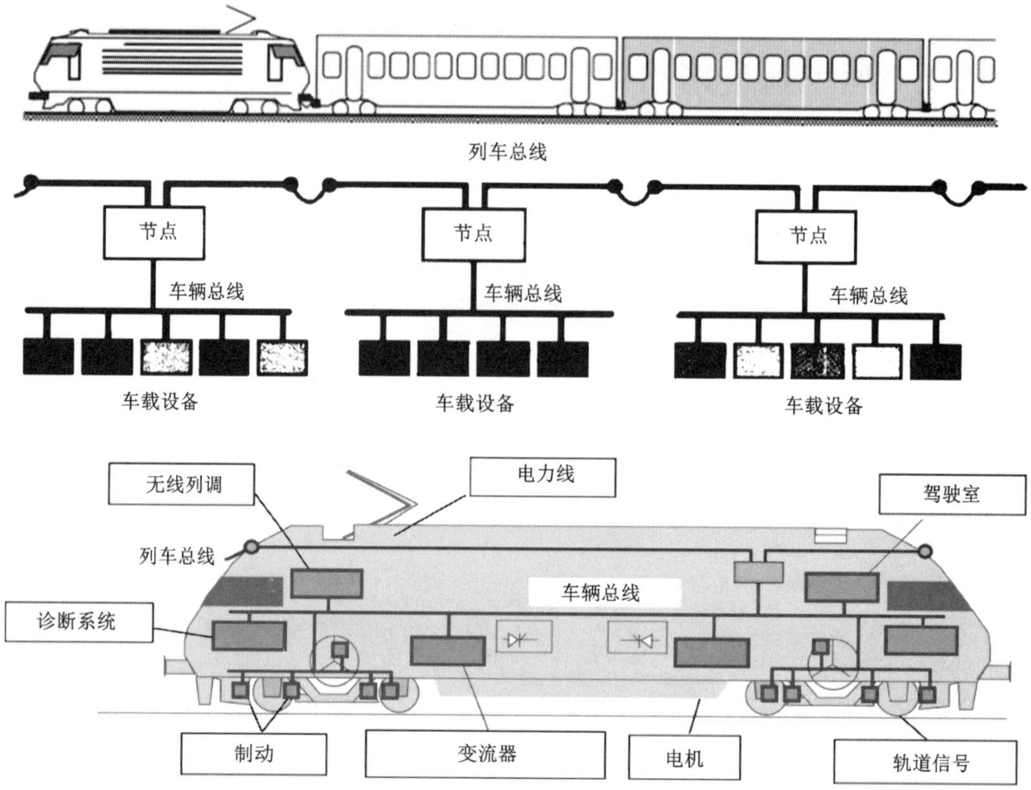

图 12-1　列车通信网络拓扑结构示意图

（2）列车级及车辆级控制包括牵引运行控制、制动运行控制、保护决策控制等多方面内容。列车通信网络实时协议可以保证信息可靠准确的通信，提升列车运行控制的智能化。

（3）采用先进的诊断方法和导向策略，列车通信网络可实现故障诊断及故障导向的智能化。

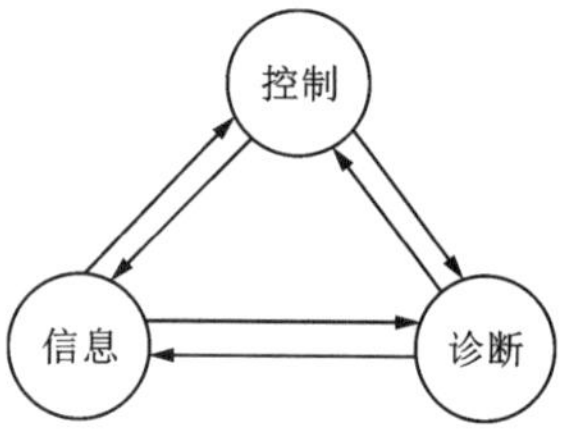

图 12-2　列车控制的三要素

3. 分析总结

列车通信网络与控制技术的发展和创新，源于“铁路工匠”们爱岗敬业、无私奉献的“孺子牛”精神，不断超越的创新精神，干一行、爱一行、通过努力为行业的发展贡献自己的精神。“铁路工匠”精神是一种对科技发展精益求精，对民族复兴持之以恒的时代精神。本案例在教学过程中注重学生分析复杂问题的能力，培养学生勇于探索、追求卓越的大国工匠精神，以日常中接触过的列车运行场景作为切入点，结合学生出行时快速、便捷的体验感受，提炼出课程的思政元素，通过将知识传授、能力培养和价值塑造融为一体，实现润物细无声的课程思政教育，提高学生学习的主动性，增强课堂教学的互动性。案例将专业知识与思政元素深度融合，实现“知识传授”与“价值引领”的统一。

案例 2 数据通信差错控制技术

【课程名称】列车通信网络及控制技术

【教学内容】数据通信差错控制技术

【案例意义】在通信网络当中，实际信道难以避免存在噪声和干扰，使发送的码字与信道传输后所接收的码字之间存在差异，这种差异被称为差错。为了降低差错，提高系统传输可靠性，需要对信号进行信道编码，也称为差错控制编码。从传输效率和传输可靠性的博弈延伸到人生成长速度和成长有效性的博弈当中，引导同学们正视成长的多样性，通过控制差错实现自己人生的修剪，培养科学的思想观与价值观，教导学生人生无法复制，要以更加可靠稳定的方法脚踏实地地实现自己的人生，谱写人生最美的篇章。

教学过程

1. 问题导入

以师生互动的形式展开教学，首先邀请一组同学模拟通信传输中的各个单元，由老师作为信源，几位同学作为信道，一位同学作为信宿，分别在正常情况、信道有故障情况、信宿有故障情况下模拟通信，其他同学观察信息传递过程中出现的问题，讨论如何保障信号的有效性并回答为什么要对信号进行调制与解调，通过翻转课堂进一步激发学生自主开展课程思政学习的积极性，更好发挥学生在教学中的主体地位，教师更多地发挥引路人的作用。

分组码基本原理：举例说明如下。

设有一种由 3 位二进制数字构成的码组，它共有 8 种不同的可能组合。若将其全部用来表示天气，则可以表示 8 种不同天气。

例如：“000”（晴），“001”（云）

“010”（阴），“011”（雨）

“100”（雪），“101”（霜）

“110”（雾），“111”（雹）。

其中任一码组在传输中若发生一个或多个错码，则将变成另一个信息码组，这时，接收端将无法发现错误。

2. 讲授正文

在同学们自由讨论后向大家介绍常见检错码的种类，以同学们的互动回答为基础进一步讲解奇偶校验码的特点及检错原理。奇偶校验码是在信息码后加一位校验位（或称监督位），保证码组中“1”的个数为奇数或偶数即可。两种编码的原理相同，效果也相同。在这种编码中，无论信息位有多少，监督位都只有一位。接着讲授反馈重发纠错的实现原理，让同学们模拟信息传输的具体流程，通过讲授与互动讨论结合的方式加深同学们对差错控制方法的理解，引导大家遇到问题时要及时发现并改正，保证信息交流的正确性。

本案例的重点为列车通信网络中使用的差错控制编码，作为一种信号处理技术，差错控制编码技术的基本思想是通过对信息序列作某种变换，使原来彼此独立、互不相关的信息码元列产生某种规律性(相关性)，从而在接收端有可能根据这种规律性来检查，进而纠正传输信号序列中的差错。根据一定的规律在待发送的信息码中加入一些多余的码元，以保证传输过程的可靠性。主要任务就是构造出以最小多余度代价换取最大抗干扰性能的编码。从理论上讲，差错控制是以降低信息传输速率为代价换取传输可靠性的提高，如图 12-3 所示的 CRC 检错码的工作原理。人的一生就如同频谱资源一样是有限的，虽然频谱可以复用，但人生无法复制。珍惜时光，善待时光，在最灿烂的年华谱写人生最美的篇章。

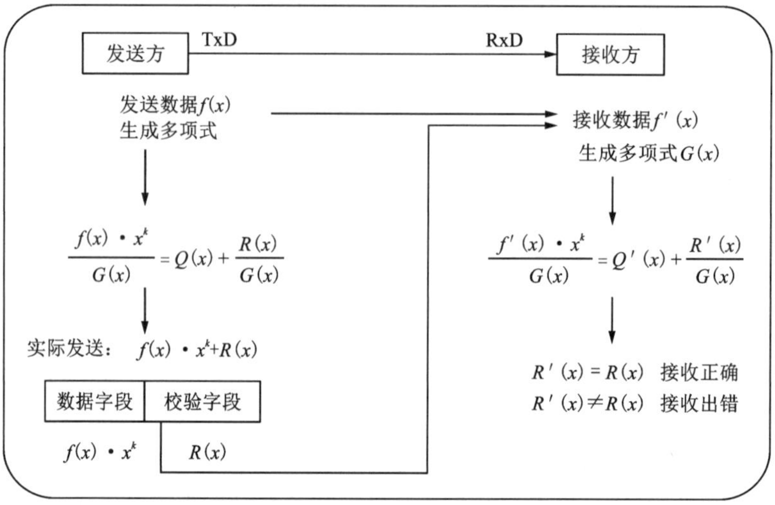

图 12-3 CRC 检错码的工作原理

3. 分析总结

在课程思政教学中，坚持从列车通信网络与控制技术理论教学内容中提炼思政元素的总体理念和思路，紧密结合教学内容开展思政教学，将课程思政与专业教学融为一体。在课程最开始，通过互动模拟的方式调动学生积极性与注意力，引导学生发挥主观能动性解决问题，坚持启发式教学。引导学生自我感悟，从了解到认同，从认同到信仰，从信仰到践行。以一个个具体的实例和清晰的编码原理示意引导学生思考，通过思考激发学生作为自己“人生第一责任人”的责任感，将差错控制技术延伸到人生当中，做好速率和可靠性的博弈。

案例 3 列车通信网络实时协议

【课程名称】列车通信网络及控制技术

【教学内容】列车通信网络实时协议

【案例意义】通信网络实时协议就是网络规则，是各种硬件和软件共同遵循的守则。网络协议无处不在，融合于所有的软件系统。网络协议遍及通信模型的各个层次，从比较常见的

TCP/IP、HTTP、FTP 协议，到 OSPF、IGP 等特殊协议，有上千种之多。网络使大家成为一个完整和谐的集体，想法不一，众口难调，就可能产生冲突与矛盾，对我们的学习工作生活产生不利的影响，如果能理解和尊重差异，寻找相同之处，就能收获更多的幸福和成长，实现共赢。

教学过程

1. 问题导入

计算机网络的产生源于生产生活的实际需求，其原理与生活中的道理息息相通。网络中的每个计算机设备软硬件都不一样，要互相传递信息，如同海南人说海南话、湖南人讲湖南话，谁都听不懂。所以我们需要约定一套规则，大家都讲普通话，就都听得懂了。

2. 讲授正文

如图 12-4 所示，实时协议 RTP 适用于使用 WTB、MVB 或其他遵循相同操作原理总线的列车通信网络（TCN），实时协议提供车辆内或车辆间应用之间的通信。RTP 规定两种主要的应用通信服务，一种是变量，即传送具有确定传输延时的短数据，包括过程数据链路层接口（LPI）和变量的应用层接口（AVI）；另外一种是消息，即传送可能冗长但不频繁的数据项，如果必要，数据项被拆分成小包并基于请求发送，包括消息数据链路层接口（LMI）、用于选择包在网络中的传送路径的网络层路由、提供流控制和差错恢复的传送层、配对呼叫消息和应答消息对话层、消息的应用层接口（AMI）。

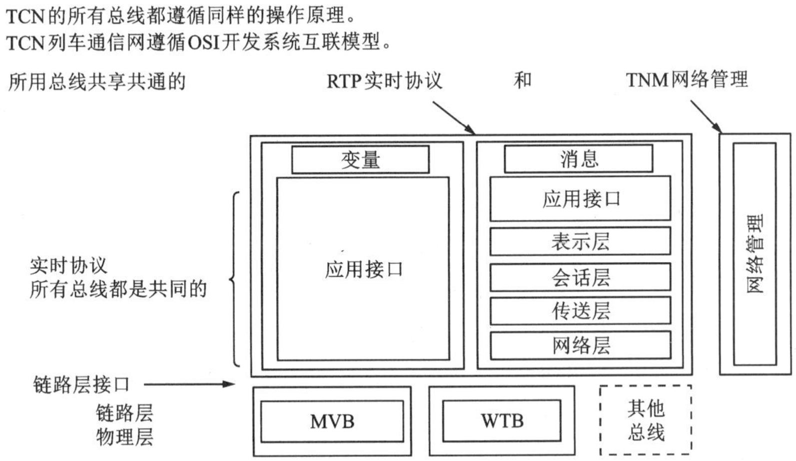

图 12-4　实时协议分层

实时协议能为时间紧迫的数据或过程变量在列车通信网络上传送提供变量服务，变量服务依赖总线对所有设备广播源寻址数据的能力。如图 12-5 所示，当应用 3 修改一个过程变量，并将值插入它的通信存储器中接着去执行其他任务；然后总线对数据库进行修改。源设备总线控制器读出该值并在总线上进行广播，用户宿设备总线控制器接收该值并存储在它们的通信存储器中。

网络保证大家互联，协议保证大家有序。列车通信网络将不同车辆、同一车辆不同设备、同一设备不同应用进行连接，实时协议在车辆/设备/应用互连的基础上保证消息的可靠

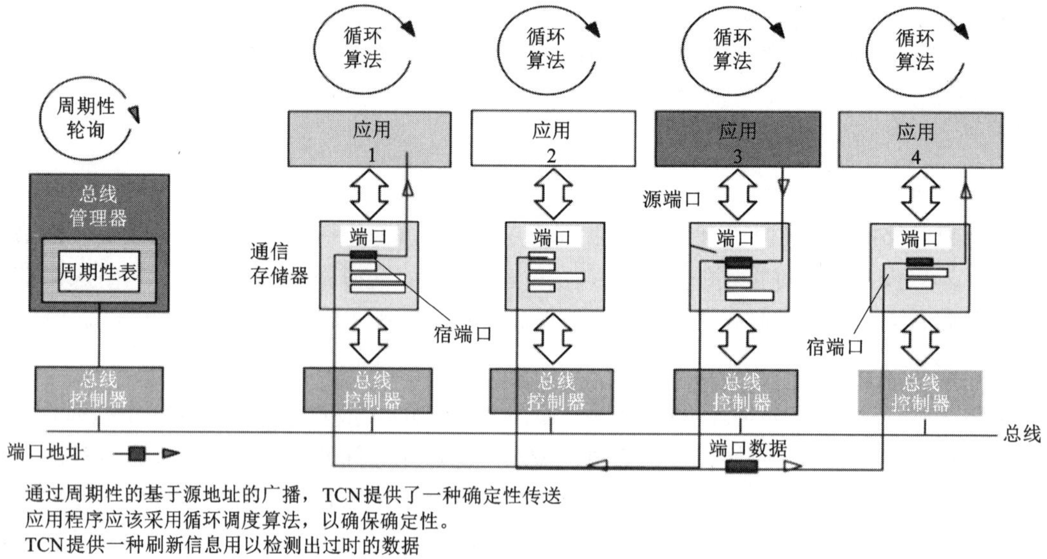

图 12-5　过程数据交换举例：确定性和实时性

快速准确的传输。同时实时协议具备时限确定性，既不能延迟达到，也不能提前到达，规定着各应用间信息在规定的时间内进行交互，以此保证信息有序可靠的传输。协议就像规则，约束着大家的同时又保证着大家有序交流，对于列车而言，总线主控制下列车通信网实时协议规定着过程数据在特征周期的周期相内周期发送，消息数据在偶发相内按规定发送，维持着过程数据发送的确定性，以此保证列车安全运行。

3. 分析总结

“为学须先立志。志既立，则学问可次第着力。立志不定，终不济事。”文以载道，任何的知识都蕴含有一定的价值观。从方言引申到规则再对应到列车通信网络中的实时协议，最后落点放在社会中规章制度与实时协议的对比思考，在课程中融入“课程思政”，能让我们在学好学习专业知识的前提下认识到思政教育与专业教育之间的密切关系，以我们对专业教育的需要激发其对思政教育的兴趣和需求，从而切实增强思政教育的实效性。“传道授业解惑，重在传道”，思想和价值观比知识本身更重要，引导大家认识到实现中华民族伟大复兴中国梦的重要性，是我们作为新时代人才所肩负的重大责任，每个人责无旁贷。

案例 4　MVB 介质访问控制方式

【课程名称】列车通信网络及控制技术

【教学内容】MVB 介质访问控制方式

【案例意义】MVB 协议主要保证数据对网络层的透明、无差错传输。其中监督数据是专门用于网络自身管理、维护和初始化时所需的数据，比如主设备对从设备的状态检查，主权转移、列车初运行和其他管理所用的数据，这类数据或根据应用初始化配置的参数做周期性传送，或根据应用的需要做传送。监督无处不在，在生活当中人民群众监督是从严治党重要的外在保障，从严治党需要人民群众的监督，这种监督体现的是党对人民群众的负责精神与人民群众的有序参与的统一。通过 MVB 介质访问控制方式引导大家理解监督在社会主义法治国家建设中的重要性，认识到普通公民对于执政党的监督要贯穿权力授受与执行的全过程。

教学过程

1. 问题导入

以师生互动的形式展开教学，让同学们设想一下：我们正在乘坐一列高速行驶的列车，该列车的各个部分(如制动系统、空调系统、车门控制、轴温监测等)是如何同步协调工作的呢？这就涉及到我们今天要学习的关键技术——多功能车辆总线(MVB)及其介质访问控制方式。

现在，请大家思考这样一个场景：在列车内部，有一条像神经系统一样的通信网络 MVB，它负责传递过程数据、消息数据和监视数据。试想一下，如果有成百上千的设备都需要通过这条“神经网络”来实时交换信息，那么如何避免数据传输过程中的冲突和延误呢？通过互动讨论和问题解答，更直观地深入理解 MVB 介质访问控制方式在列车通信网络中的重要作用。

2. 讲授正文

首先介绍列车通信网络中的三种通信数据类型，即过程数据、消息数据与监督数据。其中监督数据是专门用于网络自身管理、维护和初始化时所需的数据，比如主设备对从设备的状态检查，主权转移、列车初运行和其他管理所用的数据，这类数据或根据应用初始化配置的参数作周期性传送，或根据应用的需要做传送。

MVB 协议采取的总线通信机制是主控轮询的通信方式：总线由主设备来统一管理和调度，每次通信均由主设备发起，主设备以广播的形式发送主帧到总线上，相应的从设备发送从帧响应主帧。主设备根据列车通信网络网络传输数据的特点，设计安排发送不同的主帧以实现总线上数据的通信需求。主设备通过周期性的设备扫描来监测 MVB 总线上设备的状态，将这些状态信息更新到相应的表中，如总线管理器列表、设备状态列表，以实现对总线的监督管理。主权转移属于监督管理的一种，发生在一个轮回最后一个基本周期的监督相内，总线的监督管理主要涉及的报文有设备状态请求和主权转移请求两类报文。

主设备将一个轮询周期划分为固定的时间片，这个时间片称为“基本周期”，如图 12-6 所示，共分为四个不同的阶段，每个阶段都有特定的功能和目的。

周期相(Cycle Phase)：主设备轮询周期数据，检查和收集来自网络中各个设备的状态信息和控制数据。这是数据交换的关键环节，确保了系统的正常运行和设备间的同步。

监视相(Supervision Phase)：主要用于设备扫描和主权转移。主设备会检查网络中的设备状态，确保所有设备都在正常工作。如果需要，主设备还可以在此阶段转移控制权给其他设备，以实现更灵活的网络管理。

事件相(Event Phase)：主设备会处理网络中的事件查询和响应，包括对突发事件的检测和处理，以及对特定事件的响应。

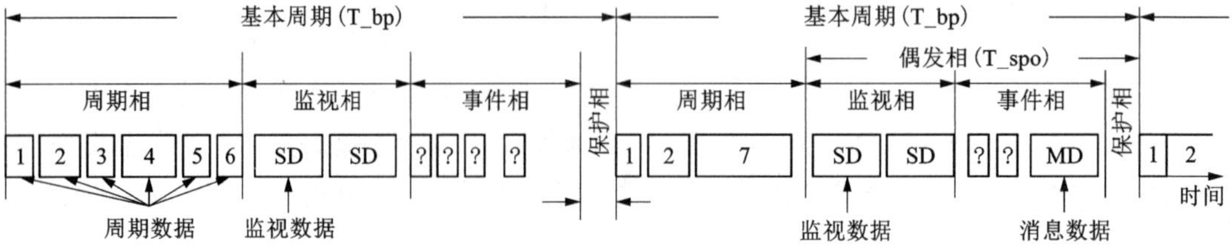

图 12-6

保护相(Protection Phase)：保护相标志着一个基本周期的结束，并为下一个周期相的开始提供过渡。这个阶段可能涉及到数据的备份和恢复，以及对网络状态的最终检查，确保在进入下一个周期前，系统处于安全和稳定的状态。

通过这种分阶段的介质访问控制方式，MVB 网络能够高效地管理数据传输，确保信息的及时性和准确性，提高了系统的可靠性和安全性。

多功能车辆总线 MVB 是列车内部通信的关键技术，支持高达 4095 个设备的互联，确保了网络的可扩展性。MVB 通过逻辑和物理端口处理实时控制信息，如车速和制动状态，并监控车辆性能。网络采用电短距离、电中距离和光纤介质，适应不同传输需求，保持通信的稳定性和高效性。总线控制器在 MVB 中起到核心作用，管理数据传输和网络访问，通过编码和译码功能维护通信的有序性。MVB 的设计强调可靠性和实时性，通过有效的介质访问控制和主权转移机制，防止数据冲突，确保关键信息的及时传递，为列车安全和高效运行提供坚实保障。

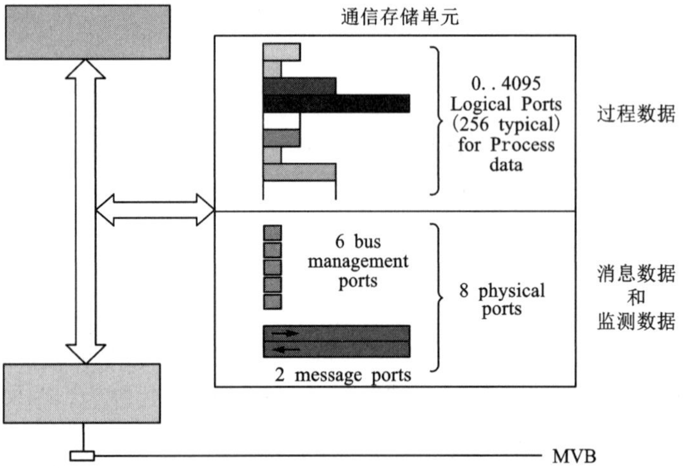

图 12-7 MVB 总线数据传送

3. 分析总结

在“MVB 的介质访问控制方式”主题统领下，以“监督”为切入点，本案例尝试将教学拟像情境与“群众监督”“对政府权力进行制约和监督”等思想政治课公共知识进行深度整合，为学生创设一种立体而近乎真实的学习交流体验。整堂课上学生既体会了邓小平同志关于党内监督的看法，通过讨论总结生活化的监督现象，也聚焦了 MVB 的访问轮回周期具体过程，获得从科学文化知识中习得思想政治课公共知识的体验，增强学生对“党的自我革命”的认识并强化对于“四个自信”的进一步感受。

案例5 列车分级控制

【课程名称】列车通信网络及控制技术

【教学内容】列车分级控制

【案例意义】在列车通信网络及控制技术应用当中，整列车设备基本上采用计算机控制，信号采集、控制输出多且通过网络实现控制及资源共享。整列车控制在实现上进行合理的控制分工及处理，以利资源合理利用。不难发现我们的世界也可以分为不同的系统和层次，社会作为一个基本的活动系统，其中社会成员的生命活动是通过各组成部分的协调配合完成的，通过对列车通信网络与控制技术中分级控制的讲授让学生体验到科学研究与目标实现离不开探索精神、理性思维和相互协作的结合。

教学过程

1. 问题导入

向学生展示“中华之星”相关资料，以列车起动出站为设定场景，鼓励学生结合本课程已学知识对列车通信相关的过程进行补充。“中华之星”整列车由2动9拖组成，每节车均设有1个WTB节点，各WTB节点通过WTB列车总线连接起来，主节点设在动力车上。WTB列车总线采用2路动态冗余。当系统上电运行或每次车辆摘挂时，WTB列车总线重新组态，即初运行。

2. 讲授正文

首先以“中华之星”为例阐述列车网络控制平台技术特点，整列车设备采用计算机控制，信号采集、控制输出多；网络控制及资源共享；根据列车级、车辆控制级、传动控制级分级控制与处理。采用了符合TCN标准的列车通信网络系统。以功能为单元的分布式系统；直接针对被控制设备进行检测与控制；逻辑控制采用集中处理、分散控制与采集模式；模块化、简统化；智能设备控制单元。

接着为同学们介绍具体的分级控制概念，整列车的控制按列车级、动力车及拖车车辆控制级、传动控制级这三大部分来划分，如图12-8所示。

(1)列车级的控制主要以WTB总线为主干，针对列车总线进行管理，实现WTB主节点的选择、WTB列车总线的通信判断及故障时的自动切换、重联控制，传送操作车中央控制单元发送给全车的指令，传送就把车控制室对全列拖车的集控指令，反馈尾部动力车的状态，反馈各拖车的状态信息，实现远程诊断及故障信息的传输等。

(2)车辆级的控制主要以车辆内MVB总线为主干，完成动力车或拖车内的各项控制功能。它通过接收列车级信息或操作车司机控制指令执行控制功能，并将有关重要状态信息及故障信息传送到列车级。

(3)传动控制级实现动力车传动系统的驱动控制、四象限控制等。它从车辆级接收牵引力设定值、车辆动力系统状态信息，执行传动控制，确保列车的平稳和高效运行。

通过这种分层的设计，列车分级控制系统实现了对列车运行状态的全面监控和精细管理。每个层级都有其特定的职责和功能，相互协作，共同确保列车的安全和高效运行。这种设计理念不仅体现了科学的管理和操作，也展示了现代交通系统中技术应用的复杂性和高效性。

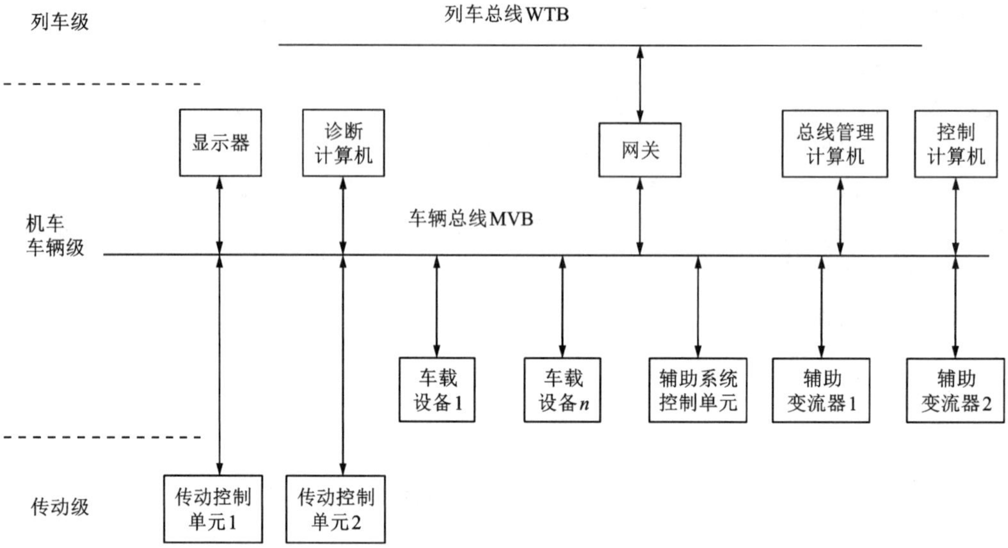

图 12-8 列车三级控制系统架构图

3. 分析总结

我们身为社会中的一员进行沟通与交流是最关键、最重要、不可或缺的素养。就一门学科而言，核心素养的内涵包括核心知识、核心能力、核心品质，但不是它们的简单相加，任何一门学科的目标定位和教学活动都要从素养的高度来进行。价值引领、思维启迪、品格塑造是学校和教师的三大核心任务。教学中教师要将学生科学思维方式的培养提升到奠基学生能力基础、关乎学生人生长远发展的高度来认识。本案例尝试从以下两个维度着力：首先从客观性、科学性的角度，注重科学精神和客观性思维能力的培养，即培养学生学会用事实、实证、逻辑、推理和论证进行思维的能力；其次从社会性、生活性的角度，注重学生与他人相互协作的能力与特点，鼓励学生发掘自身的长处与特点，将自身的长处与他人的优点相结合，共同实现系统整体的有序高效运行。

参考文献

[1] 钱学森. 工程控制论 新世纪版[M]. 上海：上海交通大学出版社，2007.

[2] 胡文华，袁义生，叶满园. 电力电子技术基础[M]. 成都：西南交通大学出版社，2020.

[3] 王兆安，刘进军. 电力电子技术[M]. 第5版，北京：机械工业出版社，2009.

[4] 林渭勋. 现代电力电子电路[M]. 浙江：浙江大学出版社，2002.

[5] 陈坚. 电力电子学：电力电子变换和控制技术[M]. 第3版，北京：高等教育出版社，2011.

[6] 郭世明. 电力电子技术[M]. 第2版. 西南交通大学出版社. 2008.

[7] 徐德鸿，马皓，汪槱生. 电力电子技术[M]. 科学出版社. 2006.

[8] Jai . P. Agrawal. 电力电子系统-理论与设计[M]. 清华大学出版社. 2001.

[9] 李光中，周定颐等. 电机及电力拖动 第4版[M]. 北京：机械工业出版社，2013.

[10] 彭鸿才，边春元等. 电机原理及拖动[M]. 北京：机械工业出版社，2016.

[11] 胡寿松. 自动控制原理（第六版）[M]. 北京：科学出版社，2019. .

[12] 王宏华，王时胜. 现代控制理论 第3版[M]. 北京：电子工业出版社，2018.

[13] 曾建平，程鹏. 现代控制理论基础[M]. 厦门：厦门大学出版社，2020.

[14] 刘豹，唐万生. 现代控制理论. 3版[M]. 机械工业出版社，2006.

[15] 饶忠. 列车牵引计算[M]. 北京：中国铁道出版社，2010.

[16] 彭俊彬. 动车组牵引与制动[M]. 北京：中国铁道出版社，2009.

[17] 谢维达. 电力牵引与控制[M]. 北京：中国铁道出版社，2010.

[18] 林瑜筠. 车站信号[M]. 北京：中国铁道出版社，2019.

[19] 林瑜筠. 机车信号车载系统与站内电码化[M]. 北京：中国铁道出版社，2008.

[20] 董昱. 区间信号与列车运行控制系统[M]. 北京：中国铁道出版社，2008.

[21] 徐啸明. 列控地面设备[M]. 北京：中国铁道出版社，2007.

[22] 唐涛. 列车运行控制系统[M]. 1版. 北京：中国铁道出版社，2012.

[23] 莫志松，郑升. 高速铁路列车运行控制技术——CTCS-3级列车运行控制系统[M]. 北京：中国铁道出版社，2016年.

[24] 张铁增. 列车运行控制系统[M]. 北京：中国铁道出版社，2018.

[25] 马连川. 列车运行控制系统安全性设计技术[M]. 北京：中国铁道出版社，2017.

[26] 杨志杰，禹志阳. 列车运行控制测试技术[M]. 北京：北京：中国铁道出版社，2016.

[27] 廖广兰，何岭松等. 工程测试技术基础[M]. 武汉：华中科技大学出版社，2021.

[28] 王睿，周浩敏. 测试信号处理技术 第3版[M]. 北京：北京航空航天大学出版社，2019.

[29] 熊诗波，熊晓燕，柳亦兵等. 机械工程测试技术基础[M]. 北京：机械工业出版社，2023.
[30] 刘迎春，叶湘滨. 传感器原理设计与应用[M]. 国防科技大学出版社，2006.
[31] 王雪文，张志勇. 传感器原理及应用[M]. 北京航空航天大学出版社，2004.
[32] 石英，付宁，韩雷斌等. 城市轨道交通概论[M]. 上海：上海交通大学出版社，2022.
[33] 赵矿英. 城市轨道交通概论[M]. 北京：电子工业出版社，2013.
[34] 陈福恩. 编组站调车控制系统[M]. 北京：中国铁道出版社，2017.
[35] 陈特放，曾秋芬等. 列车微机与网络控制技术及应用[M]. 北京：科学出版社，2012.

图书在版编目(CIP)数据

轨道交通信号与控制专业课程思政教学案例 / 李蔚等主编. —长沙：中南大学出版社，2024.5

ISBN 978-7-5487-5679-8

Ⅰ. ①轨… Ⅱ. ①李… Ⅲ. ①高等学校－思想政治教育－教案(教育)－中国 Ⅳ. ①G641

中国国家版本馆 CIP 数据核字(2024)第 018331 号

轨道交通信号与控制专业课程思政教学案例

李 蔚 韩 锟 肖友刚 成 庶 主编

□出 版 人 林绵优
□责任编辑 刘 辉
□封面设计 李芳丽
□责任印制 唐 曦
□出版发行 中南大学出版社
社址：长沙市麓山南路　　邮编：410083
发行科电话：0731-88876770　　传真：0731-88710482
□印　　装 长沙印通印刷有限公司

□开　　本 787 mm×1092 mm 1/16 □印张 9.75 □字数 245 千字
□版　　次 2024 年 5 月第 1 版 □印次 2024 年 5 月第 1 次印刷
□书　　号 ISBN 978-7-5487-5679-8
□定　　价 78.00 元